《陕西省工会劳动法律监督条例》学习问答

陕西省总工会◎编著

中国工人出版社

图书在版编目（CIP）数据

《陕西省工会劳动法律监督条例》学习问答 / 陕西省总工会编著. -- 北京：中国工人出版社，2025. 5.
ISBN 978-7-5008-8651-8

Ⅰ. D927.410.250.4

中国国家版本馆CIP数据核字第20257RM730号

《陕西省工会劳动法律监督条例》学习问答

出 版 人	董　宽
责任编辑	赵晨羽　李滢洁
责任校对	张　彦
责任印制	栾征宇
出版发行	中国工人出版社
地　　址	北京市东城区鼓楼外大街45号　邮编：100120
网　　址	http://www.wp-china.com
电　　话	（010）62005043（总编室）
	（010）62005039（印制管理中心）
	（010）62382916（工会与劳动关系分社）
发行热线	（010）82029051　62383056
经　　销	各地书店
印　　刷	三河市国英印务有限公司
开　　本	880毫米×1230毫米　1/32
印　　张	6.75
字　　数	127千字
版　　次	2025年9月第1版　2025年9月第1次印刷
定　　价	35.00元

本书如有破损、缺页、装订错误，请与本社印制管理中心联系更换

前　言

法治是社会治理的基石，是中国式现代化的重要保障。推动《陕西省工会劳动法律监督条例》的制定出台，是陕西省总工会以改革思维推动工会工作法治化，探寻新时代省域工会以维权服务助力中国式现代化的一次生动实践。

习近平总书记强调，工会作为职工利益的代表者和维护者，要认真履行维权服务基本职责，着力解决关系职工群众切身利益的实际问题。要推动发展和谐劳动关系，代表职工群众主动参与立法和政策制定，从制度上源头上保障职工群众利益、发展职工群众利益。工会劳动法律监督是工会依法维护职工权益最直接最有效的手段，能够变事后维权为事前防范，变被动服务为主动引导，通过监督及时发现劳动领域矛盾纠纷问题，做到早发现、早预防、早化解。从政治要求上看，工会劳动法律监督工作法治化是贯彻习近平总书记关于工人阶级和工会工作重要论述的重要举措。

当前在构建和谐劳动关系中，工会依然面临诸多风险和挑战。一方面，传统的劳动争议、欠薪问题等仍然是基层工会面临的突出问题，风险隐患较多；另一方面，新兴的数字经济、平台经济、共享经济蓬勃发展，劳动关系灵活化、就业形态多样化等特征愈发明显，劳动关系难认定、维权服务难开展、社会保障难覆盖等短板亟待解决，迫切需要健全法律法规制度体系。从形势发展看，工会劳动法律监督工作法治化是新时代工会推动构建和谐劳动关系的长远之计。

工会作为党联系职工群众的桥梁纽带和协调劳动关系的重要一方，参与立法、监督执法、协助司法、促进守法是工会的职责所系、优势所在。通过地方性立法，能够有效破解工会劳动法律监督权威不够、程序不明、力度不强、效果不彰的问题，最大限度发挥工会组织的“柔性治理”作用。从实践需求上看，工会劳动法律监督的法治化是新时代工会融入基层社会治理的有效途径。

天下之事，不难于立法，而难于法之必行。陕西省总工会编写这本书，正是为了更好地指导和帮助各级工会干部理解和使用《陕西省工会劳动法律监督条例》，贯彻落实全国总工会“涉工领域法律规定执行监督专项行动”，让工会劳动法律监督组织建设覆盖面更广泛，工会劳动法律监督员队伍建设更专业，“一函两书”应用推广更加普遍规范。从源头治理劳动领域纠纷隐患，切实维护职工合法权益，促进地区经济社会发展和职工队伍和谐稳定，为中国式现代化建设的陕西新篇章贡献力量。

编　者

2025 年 9 月

目　录

第一部分　条例原文

第二部分　学习问答

第三部分 流程模板

第四部分 政策文件

第一部分

条例原文

陕西省工会劳动法律监督条例

（2024年9月27日陕西省第十四届人民代表大会常务委员会第十二次会议通过）

第一条　为了保障和规范工会劳动法律监督，维护职工合法权益，构建和谐劳动关系，根据《中华人民共和国工会法》、《中华人民共和国劳动法》、《中华人民共和国劳动合同法》等法律、行政法规，结合本省实际，制定本条例。

第二条　本省行政区域内的工会劳动法律监督适用本条例。

本条例所称工会劳动法律监督，是指工会依法对用人单位遵守劳动法律法规、保障职工合法权益情况进行的有组织的群众监督。

第三条　工会劳动法律监督应当遵循依法规范、客观公正、依靠职工、协调配合的原则。

第四条　县级以上人民政府应当把构建和谐劳动关系纳入国民经济和社会发展规划，支持工会依法实施工会劳动法律监督。

县级以上人民政府应当落实并完善与同级总工会联席会议

制度，在制定涉及职工劳动权益的重大政策，处理涉及职工劳动权益的重大问题时，应当听取同级总工会的意见。

第五条 县级以上总工会负责本行政区域内的工会劳动法律监督工作。

产业工会负责本产业的工会劳动法律监督工作。

乡镇（街道）工会、开发区（工业园区）工会、用人单位工会和区域性、行业性工会联合会等基层工会，负责本区域、本单位、本行业的工会劳动法律监督工作。

第六条 县级以上人民政府人力资源社会保障、发展改革、公安、司法行政、住房城乡建设、卫生健康、应急管理、交通运输、市场监督管理等部门以及共青团、妇联、残联等组织，按照各自职责支持工会依法开展工会劳动法律监督。

县级以上人力资源社会保障等有关部门对劳动法律法规执行情况进行专项检查时，可以邀请同级总工会参加；在处理重大疑难劳动违法案件时，应当听取同级总工会意见。

第七条 县级以上人力资源社会保障部门、总工会与企业联合会、工商业联合会等企业代表组织，应当建立健全协调劳动关系三方机制，共同研究解决有关劳动关系的重大问题。

县级以上总工会应当与同级人民法院、人民检察院建立健全劳动法律监督协作机制，共同维护劳动者合法权益。

第八条 用人单位应当遵守劳动法律法规，自觉接受并配合工会依法实施劳动法律监督，完善劳动纠纷协商调解制度，加强对劳动纠纷的事前预防和协商解决。

第九条 工会应当加强普法宣传，教育职工遵守劳动法律法规以及用人单位依法制定的规章制度，引导职工依法表达诉求，并为职工申请劳动仲裁和提起诉讼给予支持和帮助。

第十条 工会劳动法律监督委员会在同级工会的领导下开展劳动法律监督具体工作，并接受上级工会劳动法律监督委员会的业务指导。

会员不足二十五人的基层工会，可以在职工中推选工会劳动法律监督员，承担本单位工会劳动法律监督具体工作。

第十一条 工会劳动法律监督委员会由三名以上工会劳动法律监督员组成，设主任一名，主任由工会主席或者副主席担任。工会劳动法律监督员人数根据实际情况确定，女职工人数较多的，应当有适当比例的女性。

县级以上总工会劳动法律监督委员会成员由相关业务部门的人员组成，产业工会劳动法律监督委员会成员从工会工作者和职工中推选产生。县级以上总工会和产业工会可以聘请人大代表、政协委员、专家学者、律师、劳动模范等担任本级工会劳动法律监督委员会特邀监督员，参与工会劳动法律监督工作。

基层工会劳动法律监督委员会成员从工会工作者和职工中推选产生。

工会劳动法律监督委员会任期与同级工会委员会任期相同。

第十二条 工会劳动法律监督员应当具有较高的政治觉悟，

熟悉劳动法律法规，热心维护职工合法权益，具有履行职责所需的业务能力。

工会劳动法律监督员应当奉公守法、勤勉尽责、清正廉洁，不得徇私舞弊、牟取不正当利益，不得泄露在履职过程中知悉的个人信息和商业秘密。

县级以上总工会、省级产业工会应当定期对工会劳动法律监督员进行培训，提高其履职能力。

工会劳动法律监督员管理办法由省总工会制定。

第十三条 工会开展劳动法律监督工作，依法履行下列职责：

（一）开展劳动法律法规宣传；

（二）监督用人单位遵守劳动法律法规的情况；

（三）受理违反劳动法律法规，侵害职工合法权益的投诉举报；

（四）调查侵犯职工合法权益的问题，提出意见要求依法改正；

（五）提请政府或者有关部门依法处理；

（六）法律、法规规定的其他职责。

第十四条 工会劳动法律监督包括下列内容：

（一）国家有关就业规定的执行情况；

（二）劳动合同的订立、履行、变更、解除和终止情况；

（三）集体协商和集体合同的签订、履行情况；

（四）工资支付、最低工资、加班工资、福利待遇规定落实情况；

（五）工作时间、休息、休假制度的执行情况；

（六）安全生产、职业病防治规定和强制性国家标准执行情况，依法参与安全生产、职业病危害等事故的调查处理；

（七）养老、医疗、工伤、失业、生育等社会保险规定执行情况；

（八）女职工、未成年工、残疾职工等劳动特殊保护规定执行情况；

（九）企事业单位民主管理有关规定的执行情况；

（十）职工职业培训及其经费提取、使用情况；

（十一）劳务派遣人员合法权益保障情况；

（十二）直接涉及劳动者利益的用人单位内部管理制度的制定、修改和执行情况或者重大事项的决定和执行情况；

（十三）法律、法规规定的其他劳动法律监督事项。

第十五条 县级以上总工会，产业工会，区域性、行业性工会联合会，新业态平台企业工会以及关联企业工会等，应当加强对新业态平台企业以及关联企业遵守劳动法律法规情况的监督，督促企业在制定规章制度等重大事项中遵守劳动法律法规。

第十六条 上级工会应当加强对下级工会劳动法律监督工作的指导和检查。

下级工会应当及时办理上级工会交办的劳动法律监督事项，并报告办理结果。涉及工会劳动法律监督的重大事项或者开展工会劳动法律监督工作有困难的，下级工会应当及时向上级工会报告，上级工会应当给予指导帮助。

第十七条 工会应当建立健全劳动法律监督投诉举报制度，公布受理方式，接受对用人单位违反劳动法律法规、侵害劳动者合法权益的情况反映，并对投诉举报人个人信息予以保密。

工会劳动法律监督委员会、工会劳动法律监督员可以通过实地检查、网络巡查、风险评估等方式对用人单位实施经常性监督，对发现的劳动关系风险隐患，按照有关规定作出处理。

第十八条 工会劳动法律监督委员会、工会劳动法律监督员发现用人单位违反劳动法律法规，侵害职工合法权益的线索应当登记，属于工会劳动法律监督范围的，自登记之日起三十日内完成调查。

工会劳动法律监督委员会、工会劳动法律监督员发现用人单位违反劳动法律法规，侵害职工合法权益，应当组织用人单位和职工进行协商，经协商解决不成的，由其所属工会向用人单位发出《工会劳动法律监督提示函》，根据需要也可以由该工会提请上一级工会发出《工会劳动法律监督提示函》，用人单位在收到《工会劳动法律监督提示函》之日起十日内应当作出书面说明。

经《工会劳动法律监督提示函》提示或者协商无效的，由其所属工会向用人单位发出《工会劳动法律监督意见书》，根据需要也可以由该工会提请上一级工会向用人单位发出《工会劳动法律监督意见书》。

用人单位收到或者应当收到《工会劳动法律监督意见书》之日起三十日内，应当作出书面答复。未在规定期限内答复或者无正当理由拒不改正的，由县级以上总工会向同级人力资源社会保障部门等相关部门发出《工会劳动法律监督建议书》，并移交相关资料。

县级以上总工会就本行政区域劳动领域存在的普遍性问题或者可能存在的风险，可以发布《工会劳动法律监督提示函》。

第十九条 县级以上人力资源社会保障等相关部门收到《工会劳动法律监督建议书》，经审查符合立案条件的，按照有关规定予以处理。

县级以上人力资源社会保障等相关部门应当在结案后十个工作日内将调查情况和处理结果书面告知同级工会。

第二十条 工会劳动法律监督委员会、工会劳动法律监督员对用人单位违反劳动法律法规，侵犯职工合法权益的行为进行调查时，应当充分听取用人单位和职工的意见，查阅、复制有关资料，核查事实，如实记录，用人单位和职工应当予以配合。

第二十一条 工会劳动法律监督工作所需经费应当纳入本级工会经费预算。

县级以上总工会可以结合实际，按照有关规定建立非公有制企业工会劳动法律监督员配套补助制度。

第二十二条 用人单位应当保障本单位工会劳动法律监督

员依法履行职责所需要的必要条件。

用人单位不得对依法履行职责的工会劳动法律监督员打击报复，无正当理由不得以调整工作岗位、降低职级、免除职务、扣减工资福利、解除劳动关系等方式，减损其合法权益。

第二十三条 县级以上人民政府按照国家和本省有关规定对开展工会劳动法律监督、构建和谐劳动关系工作中成绩显著的单位和个人给予表彰和奖励。

第二十四条 用人单位违反本条例规定，有下列行为之一的，县级以上总工会提请同级人民政府或者有关部门依法予以处理：

（一）拒绝或者阻挠工会劳动法律监督的；

（二）无正当理由拒绝向工会及其劳动法律监督委员会或者工会劳动法律监督员提供相关资料的；

（三）提供虚假资料或者隐匿、毁灭资料的；

（四）对依法履行职责的工会劳动法律监督员打击报复的。

第二十五条 工会劳动法律监督员不履行或者不按照规定履行职责的，由同级工会责令改正；造成损害后果的，依法承担相应的法律责任。

第二十六条 违反本条例规定的行为，法律、法规已有法律责任规定的，从其规定。

第二十七条 本条例自2025年1月1日起施行。

第二部分

学习问答

第一条 为了保障和规范工会劳动法律监督，维护职工合法权益，构建和谐劳动关系，根据《中华人民共和国工会法》、《中华人民共和国劳动法》、《中华人民共和国劳动合同法》等法律、行政法规，结合本省实际，制定本条例。

条文释义

本条是关于本条例立法目的和立法依据的规定。

学习问答

▶▶ 本条例的立法目的是什么？

一是保障和规范工会劳动法律监督。这是制定本条例第一层次的立法目的。工会劳动法律监督是工会依法维护职工合法权益最直接、最有效的手段之一，是我国劳动法律监督体系的重要组成部分。依法对用人单位遵守劳动法律法规的情况进行有组织的群众监督是法律赋予工会组织的一项重要职责。强化工会维护职工合法权益、竭诚服务职工群众的基本职责是党对工会的基本要求，体现了党的根本宗旨。只有从代表和维护职工的切身利益出发，才能从根本上调动广大职工的积极性和创造性，进而实现职工权益与国家整体利益的协同高效发展。

陕西省工会劳动法律监督工作自 1995 年开展以来，在维护职工合法权益中发挥了不可替代的作用。随着工会劳动法律监督工作的深入开展，工会劳动法律监督概念的内涵外延如何界定，工会劳动法律监督的主体有哪些、监督内容有哪些，怎样开展监督工作等一些新情况和新问题亟待解决，这需要结合陕西省实际，对上位法原则性规定进一步细化，使工会劳动法律监督工作走上法治化、规范化的道路。

二是维护职工合法权益。这是制定本条例第二层次的立法目的。我国一直高度重视职工合法权益的维护，《劳动法》[①]《劳动合同法》《就业促进法》《安全生产法》《职业病防治法》等法律都从不同层面对职工合法权益的保护作出相关规定。《工会法》第六条第一款规定："维护职工合法权益、竭诚服务职工群众是工会的基本职责。工会在维护全国人民总体利益的同时，代表和维护职工的合法权益。"工会产生和存在的客观性，决定了工会必须代表和维护职工的合法权益。在我国的社会主义制度下，工人阶级是国家的领导阶级，党和政府都代表和维护工人阶级的利益，从整体上说，全国人民的总体利益同职工的具体利益在根本上是一致的。工会必须以代表和维护职工的合法权益为基本职责。随着社会主义市场经济的不断发展，所有制的多元化、经营形式的多样化、产权关系的明晰化、利益分配的差别化，以及企业行为的自主化，劳动关系的市场化、契约化和灵活化，使工会面临的情况更加复杂，代表和维护职工合法权益的责任更加重大。因此，作为保障职工合法权益法律体系的重要组成部分，维护职工合法权益是本条例重要的立法目的之一。

---

① 为行文简洁，本书简称《劳动法》，其他非引用处法律一般也省略"中华人民共和国"。

三是构建和谐劳动关系。这是制定本条例第三层次的立法目的。和谐稳定的劳动关系是市场经济得以顺利运转和企业活力不断增强的必备条件，同时也是最难协调的关系之一。劳动者有人格尊严、有特殊的经济利益、有思想感情的要求。在我国，劳动者还具有主人翁地位。按照劳动价值论，劳动力是创造价值的唯一源泉，也是在生产过程中唯一会自动作出反应的生产要素。当他们的主人翁地位、人格尊严得到尊重，合法权益受到保障，作为社会人的思想感情上的要求得到一定程度的理解和满足时，他们的积极性和创造性就会得到充分发挥。特别是随着我国社会主义市场经济的不断发展，国有企业改革不断深化，国家经济成分多元化，企业产权关系也逐渐多元化，部分职工下岗失业，切身利益受到冲击。在市场经济体制和现代企业制度下，工会以代表者的身份协调劳动关系，一方面可以保护劳动者的合法权益，另一方面可以帮助企业建立稳定良好的劳动关系，调动劳动者的生产积极性，保障企业的健康发展。

工会组织依法独立自主地开展劳动法律监督在国家政治经济生活中具有不可替代的作用。一是促使用人单位认真执行劳动法律法规，维护广大职工的合法权益，保障工人阶级的主人翁地位。二是对用人单位和广大劳动者开展广泛深入的法治宣传教育，促进社会主义民主与法治的发展。三是督促用人单位纠正违反劳动法律法规的现象，从而协调劳动关系，促进生产力的发展和社会的稳定。四是强化维护职能和依法维权的手段，促进工会自身的改革和建设。同时，工会劳动法律监督的发展是对我国劳动法律监督体系的促进和完善，进而对我国的劳动法律建设起到巨大的推动作用。

▶▶ 本条例的立法依据是什么？

立法依据是地方立法合法存在的前提，是地方立法赖以发展的基础。根据我国立法体制，地方立法依据一般包括两个方面：一方面是以国家立法为依据，即“法的依据”；另一方面是以地方实际情况为依据，即“事实依据”。因此，本条例的立法依据包括“法的依据”和“事实依据”。

（1）《陕西省工会劳动法律监督条例》的“法的依据”包括制定本条例的直接上位法，如《工会法》《劳动法》《劳动合同法》《就业促进法》《安全生产法》《职业病防治法》《社会保险法》等法律和其他行政法规。

《工会法》第六条第一款规定：“维护职工合法权益、竭诚服务职工群众是工会的基本职责。工会在维护全国人民总体利益的同时，代表和维护职工的合法权益。”

《劳动法》第八十八条规定：“各级工会依法维护劳动者的合法权益，对用人单位遵守劳动法律、法规的情况进行监督。任何组织和个人对于违反劳动法律、法规的行为有权检举和控告。”

《劳动合同法》第七十八条规定：“工会依法维护劳动者的

合法权益，对用人单位履行劳动合同、集体合同的情况进行监督。用人单位违反劳动法律、法规和劳动合同、集体合同的，工会有权提出意见或者要求纠正；劳动者申请仲裁、提起诉讼的，工会依法给予支持和帮助。”

《就业促进法》第九条规定：“工会、共产主义青年团、妇女联合会、残疾人联合会以及其他社会组织，协助人民政府开展促进就业工作，依法维护劳动者的劳动权利。”

《安全生产法》第七条规定：“工会依法对安全生产工作进行监督。生产经营单位的工会依法组织职工参加本单位安全生产工作的民主管理和民主监督，维护职工在安全生产方面的合法权益。生产经营单位制定或者修改有关安全生产的规章制度，应当听取工会的意见。”

《职业病防治法》第四条规定：“劳动者依法享有职业卫生保护的权利。用人单位应当为劳动者创造符合国家职业卫生标准和卫生要求的工作环境和条件，并采取措施保障劳动者获得职业卫生保护。工会组织依法对职业病防治工作进行监督，维护劳动者的合法权益。用人单位制定或者修改有关职业病防治的规章制度，应当听取工会组织的意见。”

《社会保险法》第九条规定：“工会依法维护职工的合法权益，有权参与社会保险重大事项的研究，参加社会保险监督委员会，对与职工社会保险权益有关的事项进行监督。”

此外，本条例还遵循和贯彻党中央决策部署和国家有关政策文件规定，如《中国工会章程》第十五条第二款规定："各级工会组织应当组织和代表职工开展劳动法律监督。"

（2）《陕西省工会劳动法律监督条例》的"事实依据"是指在不与上位法相抵触的前提下，应当符合本省的具体情况和工会劳动法律监督工作的实际需要，将本省工会劳动法律监督工作中积累的成功经验和做法加以总结固化，突出地方特色，增强可操作性。

制定《条例》有什么重要意义？

《陕西省工会劳动法律监督条例》的制定借鉴了相关立法经验，结合陕西省实际情况，实现对陕西省工会劳动法律监督领域的法律空白的填补，地方立法体系的完善，对上位法进行具体操作规范的细化，为工会劳动法律监督工作提供了具有可操作性的法律依据。同时，本条例通过对工会自身建设的高要求，增强工会自身监督能力，从而提高工会干部的专业能力，提升工会监督效能，更好地保障职工合法权益，构建和谐劳动关系。

（1）制定《陕西省工会劳动法律监督条例》是贯彻习近平总书记关于工人阶级和工会工作的重要论述的具体举措。习近平总书记强调，工会作为职工利益的代表者和维护者，要认真履行维权服务基本职责，着力解决关系职工群众切身利益的实际问题。要不断促进社会主义和谐劳动关系，从制度上源头上保障职工群众利益、发展职工群众利益。工会劳动法律监督是工会依法维护职工权益最直接最有效的手段，能变事后维权为事前防范，变被动服务为主动引导。工会通过监督及时发现问题，并将违法行为告知相关单位和部门，联合有关部门促进问题的及早解决。制定《陕西省工会劳动法律监督条例》，将工会劳动法律监督纳入法治轨道，为陕西省各级工会依法履行维权职责提供了强有力的法律支撑。

（2）制定《陕西省工会劳动法律监督条例》是落实党中央、国务院和陕西省委、省政府有关工会工作重大决策部署的客观要求。党的十八届四中全会提出，全面推进依法治国，建设中国特色社会主义法治体系，必须坚持立法先行，发挥立法的引领和推动作用。党的十九届四中全会提出，要完善立法体制机制，健全社会公平正义法治保障制度，加强对法律实施的监督。党的二十大报告提出，要加强重点领域、新兴领域、涉外领域立法，以良法促进发展、保障善治。《中共中央关于加强和改进党的群团工作的意见》明确提出，工会“要主动代表所联系群众参与相关法律法规和政策的制定，推动建立健全协调劳动关系等方面制度机制，从源头上保障群众权益、发展群众利益”。2015 年 3 月，中共中央、国务院印发《关于构建和谐劳动关系的意见》，随后，陕西省委、省政府印发《关于构建和谐劳动关系的实施意见》，强调工会依法维护职工权益的职责，明确指出要加强行政执法和法律监督，促进各项劳动保障法律法规贯彻实施，健全劳动法律监督体系。制定《陕西省工会劳动法律监督条例》是抓好惠民立法，以良法促进发展、保障善治的具体体现。

（3）制定《陕西省工会劳动法律监督条例》是构建和谐劳动关系，促进陕西省经济社会高质量发展的内在要求。陕西省正处于持续深化“三个年”活动，奋力谱写陕西新篇、争做西部示范的关键时期。制定《陕西省工会劳动法律监督条例》，将《工会法》赋予工会的劳动法律监督权利进一步法定化、程序化，有利于充分发挥工会在协调劳动关系三方机制中的桥梁纽带作用，加强劳动关系矛盾预防预警，有效化解劳动争议对劳动关系以及经济社会稳定发展带来的消极影响，既能保护职工合法权益，又能促进企业健康发展，构建和谐稳定的劳动关系。

（4）制定《陕西省工会劳动法律监督条例》是实现基层民主，发展全过程人民民主的现实要求。习近平总书记强调，工会在维护全国人民总体利益的同时，要更好维护职工群众具体利益。要健全以职工代表大会为基本形式的企事业单位民主管理制度、厂务公开制度，组织职工依法实行民主选举、民主协商、民主决策、民主管理、民主监督，使职工群众的知情权、参与权、表达权、监督权得到更充分更有效的保障。党的二十大报告提出，要全心全意依靠工人阶级，健全以职工代表大会为基本形式的企事业单位民主管理制度，维护职工合法权益。制定《陕西省工会劳动法律监督条例》，充分发挥工会在劳动纠纷处理上的独特作用，是发挥群众自治组织在民主管理、民主监督上的现实需要，也是推进全过程人民民主建设的生动实践。

▶▶ 制定出台《条例》的背景和过程是怎样的?

2022 年 1 月 1 日，随着新修订的《工会法》的颁布实施，全国已有广东、江苏、山东等 13 个省（市）出台了工会劳动法律监督地方性法规。截至 2024 年底，陕西省各级工会已建立劳动法律监督组织 1.7 万余个，设置工会劳动法律监督员 2.8 万余名，开展工会劳动法律监督工作的组织架构已基本形成。2024 年 2 月 27 日，全国总工会修订并印发新版《工会劳动法律监督办法》。这些为制定《陕西省工会劳动法律监督条例》奠定了充分的实践和制度基础。

《陕西省工会劳动法律监督条例》是陕西省人大常委会 2024 年度立法计划审议项目。陕西省总工会根据《工会法》《劳动法》等法律规定，借鉴其他省份立法经验，在深入调研论证的基础上，结合陕西省实际，起草了草案文本。陕西省司法厅按照立法规定，通过网络公开征求社会各界意见，书面征求了各设区市政府和省级有关部门意见，召开征求意见座谈会，在宝鸡市、汉中市部分企业开展了实地调研，在认真吸收各方意见基础上进行了全面审查修改，形成条例草案。2024 年 4 月 24 日，陕西省人民政府第 14 次常务会议审议通过了条例草案。同年 9 月 27 日，陕西省十四届人大常委会第十二次会议表决通过《陕西省工会劳动法律监督条例》，自 2025 年 1 月 1 日起施行。

第二条 本省行政区域内的工会劳动法律监督适用本条例。

本条例所称工会劳动法律监督，是指工会依法对用人单位遵守劳动法律法规，保障职工合法权益情况进行的有组织的群众监督。

条文释义

本条是关于本条例的适用范围和工会劳动法律监督概念的规定。

学习问答

▶▶ 本条例的适用范围是什么？

法的适用范围即法的效力范围，包括法的空间效力、时间效力和对象效力。法的空间效力是指法适用的空间范围或者地域范围；法的时间效力是指法生效和失效的时间；法的对象效力是指法适用的对象有哪些，包括对哪些人和行为有效。确定适用对象的原则一般有属地主义、属人主义以及属地主义与属人主义相结合三种。

本条规定了《条例》的空间效力和对象效力。作为一部地方性法规，本条例的空间效力是有一定限制的，即在本省行政区域内具有普遍约束力。本条例的对象效力采取以属地主义为基础、属地主义与属人主义相结合的原则，即本省行政区域实施的工会劳动法律监督必须遵循本条例的相关规定。本条例的时间效力即生效施行时间，在附则中作了规定。

▶▶ 什么是工会劳动法律监督？

工会劳动法律监督的定义是《工会劳动法律监督办法》最基础的内容之一，是准确理解和适用相关条款的前提。《工会劳动法律监督办法》第二条规定："工会劳动法律监督，是工会依法对劳动法律法规执行情况进行的有组织的群众监督，是我国劳动法律监督体系的重要组成部分。"《工会劳动法律监督办法》在对工会劳动法律监督进行界定时，以工会劳动法律监督概念形成的历史沿革为基础，界定了工会劳动法律监督的内涵与外延。具体来说，重点把握好以下关键内容。

（1）工会劳动法律监督已经固化为一个具有特定含义的专有名词，具有特定的内涵与外延。劳动法律监督是以劳动法律法规的贯彻执行情况为监督内容的监督。由于工会、职工和劳动法律法规有着密切的联系，同时根据工会的性质、地位、任务和作用，以及法律赋予工会的权利，各级工会能够以不同的方式，广泛参与劳动法律建设和劳动法律监督活动。工会劳动法律监督是各级工会依法对劳动法律法规的执行情况进行的有组织的群众监督，是我国劳动法律监督体系的重要组成部分。工会开展劳动法律监督是法律赋予工会的一项重要权利，也是工会维护职工合法权益的重要方式和手段。

（2）工会劳动法律监督的性质。我国的法律监督体系由国家监督和社会监督两大系统构成。社会监督是以社会组织和人民群众为主体进行的监督。工会是党领导的工人阶级群众组织，不是代表国家行使权力的机关。工会劳动法律监督是有组织的群众监督，属于社会监督的范畴，是工会代表广大职工参与管理国家和社会事务的重要体现和具体形式。工会劳动法律监督作为社会监督，不同于国家监督，没有直接的法律效力，不具有法律强制性。工会开展劳动法律监督不能对用人单位违反劳动法律法规的行为直接进行处罚，但可以向用人单位提出意见和建议，也可以向劳动保障监察机构反映情况，由劳动保障监察机构对违法行为进行处理。工会劳动法律监督和国家监督的根本目标是一致的，都是为了维护劳动法律的尊严和权威，使劳动法律得以遵守和执行。

（3）工会劳动法律监督的实施主体是各级工会组织。地方总工会、地方产业工会、基层工会依照法定的权限、法定的程序、法定的方式对法定的监督内容组织开展监督。

（4）工会劳动法律监督的监督对象是行政区域内的用人单位，既包括企业、个体经济组织、合伙组织、民办非企业单位、基金会等单位组织，也包括与劳动者建立劳动关系的国家机关、事业单位、社会团体等。

（5）工会劳动法律监督的内容是用人单位遵守劳动法律法规、保障职工合法权益的情况。工会劳动法律监督工作的开展不能越界，只能对用人单位遵守劳动法律法规和保障职工合法权益的情况开展监督，不能对除此之外的事项进行监督。

▶▶ 条例的制定有哪些可行性？

条例的制定需有明确的立法依据、扎实的实践基础，并结合成功经验，以确保其合法性、合理性和可行性。

首先，条例的制定需要明确立法依据，包括宪法、法律、行政法规等上位法。《陕西省工会劳动法律监督条例》以《劳动法》《劳动合同法》《工会法》等为立法依据，确保其合法性与合理性，保障其权威性和社会认可度。

其次，条例的制定需基于科学化、系统化的事件分析，包括对拟规范事项的性质、类型及其成因的深入研究。《陕西省工会劳动法律监督条例》基于陕西省各级工会多年的实践经验，确保内容符合实际需求，从而避免脱离实践基础。

最后，条例的制定可以参考其他省份的成功经验。通过对其他省份在劳动法律监督领域的成功经验的借鉴，并结合自身实际，《陕西省工会劳动法律监督条例》具有较强的科学性和可操作性。

一是法律有依据。《劳动法》《劳动合同法》《工会法》等国家层面的法律法规，都对工会劳动法律监督作出了明确规定。《劳动法》第八十八条第一款规定："各级工会依法维护劳动者的合法权益，对用人单位遵守劳动法律、法规的情况进行监督。"《劳动合同法》第七十八条规定："工会依法维护劳动者的合法权益，对用人单位履行劳动合同、集体合同的情况进行监督。用人单位违反劳动法律、法规和劳动合同、集体合同的，工会有权提出意见或者要求纠正；劳动者申请仲裁、提起诉讼的，工会依法给予支持和帮助。”此外，《职业病防治法》《安全生产法》《社会保险法》《女职工劳动保护特别规定》《职工带薪年休假条例》等劳动法律法规都有关于工会劳动法律监督的条款，规定了工会开展劳动法律监督的权利和内容。《中共中央国务院关于构建和谐劳动关系的意见》对工会开展劳动法律监督工作提出了明确要求。2024 年 2 月，全国总工会修订了《工会劳动法律监督办法》，进一步加强和规范了工会劳动法律监督工作。

二是立法实践有基础。近年来，在陕西省委、省人大、省政府的大力支持与推动下，《陕西省企业集体合同条例》《陕西省实施〈中华人民共和国工会法〉办法》《陕西省企业民主管理条例》《陕西省企业工资集体协商条例》《陕西省实施女职工劳动保护特别规定》等保障劳动者权益的地方性法规和政府规章先后出台，积累了丰富的立法经验。同时，陕西省各级工会组织贯彻“调解为主、预防为主、基层为主”的劳动争议处理原则，工会劳动法律监督工作向纵深发展，已经形成较为完善的工会劳动法律监督组织网络体系。陕西省各级工会积极推进工会劳动法律监督实践，具备扎实的实践基础。2021 年 1 月，省总工会联合省人社厅印发《关于推行工会劳动法律监督“一函两书”制度的通知》，要求全省工会组织建立健全横向到边、纵向到底的“省—市—县—企业”四级工会劳动法律监督组织网络，编制印发了工会劳动法律监督提示函、意见书和建议书的规范文本，培训工会劳动法律监督员，适时发布《工会劳动法律监督提示函》，并运用“双五工作法”开展劳动用工法治体检等多形式监督。陕西省积累了丰富的经验，完全具备了对劳动法律法规执行情况进行监督的能力和实践条件。

三是外省经验可借鉴。截至2023年底，全国已有广东、江苏、云南、浙江、江西、福建、河北、安徽、内蒙古、天津、山东、湖南、湖北等13个省（区、市）出台了工会劳动法律监督专项地方性法规。合肥、南昌、杭州、沈阳、昆明等市制定出台了关于工会劳动法律监督的市级地方性法规。多个外省的立法经验为制定《陕西省工会劳动法律监督条例》提供了参考。陕西省结合自身特点，使《陕西省工会劳动法律监督条例》更具科学性、创造性和可行性。

第三条　工会劳动法律监督应当遵循依法规范、客观公正、依靠职工、协调配合的原则。

条文释义

本条是工会劳动法律监督应遵循的原则性规定。

学习问答

▶▶《条例》解决的主要问题及规定的措施有哪些？

工会劳动法律监督面临定位认识不清、主体职责不明、监督程序不完善、权威力度不够等问题。《工会法》《劳动法》《劳动合同法》《工会劳动法律监督办法》等上位法及相关规定提供了解决问题的方向。《工会法》《劳动法》《劳动合同法》均明确了工会的民主监督定位，赋予其提出意见、要求纠正、调查以及被告知的权利。同时，《工会劳动法律监督办法》明确指出“工会劳动法律监督工作应当遵循依法规范、客观公正、依靠职工、协调配合的原则”。从该原则中可以看到，工会监督属于社会监督范畴，既要符合最基本的合法性与公正性目标，又要强调监督执行过程中的民主性和群众性，同时也要与劳动行政执法协同合作，形成多维度、多领域的监督合力。

具体到地方层面，《陕西省工会劳动法律监督条例》主要解决以下四个方面的问题，并规定了相应的措施：

一是工会劳动法律监督的定位和认识问题。在实践中，部分企业甚至个别地方基层行政部门对工会履行劳动法律监督职责存在一些定位和认识上的误区，比如，认为鼓励工会开展劳动法律监督活动不利于企业的生存和经济的发展；认为有了劳动监察部门的行政执法，工会劳动法律监督可有可无。《陕西省工会劳动法律监督条例》明确工会开展劳动法律监督具有维护职工合法权益和促进企业高质量发展的双重目的，二者是辩证统一、互利共赢的关系。《陕西省工会劳动法律监督条例》不仅规定了用人单位的义务和责任，还明确了工会应履行的职责。实践中，工会应教育引导职工遵守用人单位依法制定的规章制度，加强普法宣传，规范履行职责等，通过从源头减少、解决劳动争议，维护企业安全稳定，促进企业的高质量发展。

二是监督主体不明、组织不全、职责不清的问题。工会劳动法律监督的主体以及具体实施部门的权力界定和职能分工一直是困扰工会劳动法律监督的重要问题。《陕西省工会劳动法律监督条例》进一步细化职责要求，明确谁来监督，确定工会作为劳动法律监督的主体地位。工会劳动法律监督组织在同级工会领导下履行劳动法律监督的具体职责。同时，为解决工会劳动法律监督组织不会监督、不敢监督的问题，《陕西省工会劳动法律监督条例》规定了相应措施：明确工会劳动法律监督组织设立和人员构成，组建一支专兼职工会劳动法律监督员队伍；明确工会劳动法律监督员的准入条件和日常管理；明确各级工会劳动法律监督组织的职责，确保层次分明，权责清晰。

三是监督方式和程序不明的问题。从工会劳动法律监督实践看，为提升监督实效，必须规定相应的监督手段和方法。为此，《陕西省工会劳动法律监督条例》对工会劳动法律监督程序，如受理、调查、处理等环节作出明确规定，使监督工作更加规范、操作性更强。同时，规定了工会组织可以向用人单位发出提示函、监督意见书和向政府劳动行政部门发送监督建议书。“一函两书”的制度设计层层递进，让监督程序更为流畅、直观、合理。

四是工会劳动法律监督权威不够、力度不大、效果不彰的问题。明确“政府支持 + 相关部门协作 + 用人单位保障 + 经费保障”的监督保障机制。落实并完善与同级总工会联席会议制度，在制定涉及职工劳动权益的重大政策、研究涉及职工劳动权益的重大问题时，应当听取同级总工会的意见。县级以上发展改革、公安、人力资源和社会保障、住房和城乡建设、卫生健康、应急管理等部门应当按照各自职责支持工会劳动法律监督工作。用人单位应当保障工会劳动法律监督员履行职责所需要的基本条件，不得对依法履行职责的工会劳动法律监督员进行打击报复。《陕西省工会劳动法律监督条例》明确用人单位、工会及工会劳动法律监督员在违反本条例时应承担的法律责任，确保工会劳动法律监督的权威性。

▶▶ 工会开展劳动法律监督的原则是什么？

《陕西省工会劳动法律监督条例》对工会劳动法律监督原则的规定与全国总工会 2024 年修订的《工会劳动法律监督办法》保持一致，遵循以下四项原则：

一是依法规范的原则。工会开展劳动法律监督，必须以法律为依据，监督的对象、内容、范围和方式要严格按照法律的规定进行，在法律规定的职责范围内、按照法定程序对法定的对象进行监督，不能随意为之。这是增强工会劳动法律监督的准确性和权威性的必然要求，也是工会开展劳动法律监督工作的首要原则。

二是客观公正的原则。工会开展劳动法律监督，应按照规定程序调查了解真实发生的情况，收集相关证据，听取相关方意见，保持相对独立性，不受其他任何机关、组织和个人的非法干涉。只有这样，才能保证工会劳动法律监督具备必要的独立性和应有的公信力，才能发挥工会劳动法律监督的职能，促进劳动法律法规落到实处。

三是依靠职工的原则。工会劳动法律监督是群众监督，应当突出群众组织的优势，发动、组织和依靠职工群众开展工作。工会开展劳动法律监督，必须坚持以职工为中心的工作导向，充分发挥工会劳动法律监督组织和监督员作用，充分发挥广大职工的积极性和能动性。

四是协调配合的原则。劳动法律监督是由不同监督主体共同构成的一个多元多层次的监督体系。工会开展的劳动法律监督属于群众监督，工会本身没有执行法律的职权，在依法开展监督工作的同时，必须注重加强与人大、政协及政府有关部门等劳动法律监督主体的相互协调、相互支持、密切配合。这是发挥劳动法律监督系统整体功能的必然要求。

第四条 县级以上人民政府应当把构建和谐劳动关系纳入国民经济和社会发展规划，支持工会依法实施工会劳动法律监督。

县级以上人民政府应当落实并完善与同级总工会联席会议制度，在制定涉及职工劳动权益的重大政策，处理涉及职工劳动权益的重大问题时，应当听取同级总工会的意见。

条文释义

本条是关于县级以上人民政府在支持工会开展劳动法律监督工作、维护职工合法权益中应当履行的相关职责的规定。

学习问答

▶▶ 为什么说开展劳动法律监督是工会的重要职责？

开展劳动法律监督是工会的重要职责，这一职责在《工会法》《劳动法》《劳动合同法》等法律法规中有着明确的依据。从法理角度来看，工会劳动法律监督具有民主监督、职责所在、法律监督职能和协调配合等多重属性，对于维护职工合法权益、促进企业健康发展、构建和谐劳动关系具有重要意义。基于以下原因，工会应依法履行劳动法律监督职责，充分发挥其在构建和谐劳动关系中的重要作用：

一是基于工会民主监督的定位。工会劳动法律监督体现了民主监督的原则，通过组织职工参与监督，发挥职工的主体作用，确保监督的广泛性和有效性。

二是工会的职责所在。工会的基本职责是维护职工合法权益、竭诚服务职工群众。工会要在构建和谐劳动关系中发挥协调各方的作用，不仅要维护职工的合法权益，也要兼顾企业的健康发展。通过开展劳动法律监督，工会可以及时发现和纠正用人单位在劳动用工中的违法违规行为，预防和化解劳动纠纷，维护企业的正常生产经营秩序，实现职工权益与企业利益的双赢。

三是发挥工会的协调配合作用。《工会劳动法律监督办法》规定，工会应与政府相关部门、用人单位等协调配合，形成监督合力。这种协调配合机制有助于整合各方资源，提高监督效果，共同维护劳动者的合法权益。

开展劳动法律监督既是《工会法》《劳动法》等法律赋予工会的一项权利，也是工会参与社会治理的重要途径，是工会必须履行的重要责任。这种责任主要体现在以下两个方面：

一是由工会组织的地位决定。工会是党联系职工群众的桥梁和纽带，是国家政权的重要社会支柱。所以，工会应当维护工人阶级领导的、以工农联盟为基础的人民民主专政的社会主义国家政权，协助人民政府开展工作，依法发挥民主监督作用。《工会法》第四条第一款和第二款规定："工会必须遵守和维护宪法，以宪法为根本的活动准则，以经济建设为中心，坚持社会主义道路，坚持人民民主专政，坚持中国共产党的领导，坚持马克思列宁主义、毛泽东思想、邓小平理论、'三个代表'重要思想、科学发展观、习近平新时代中国特色社会主义思想，坚持改革开放，保持和增强政治性、先进性、群众性，依照工会章程独立自主地开展工作。""工会会员全国代表大会制定或者修改《中国工会章程》，章程不得与宪法和法律相抵触。"法律是党领导人民制定的，体现了包括广大职工群众在内的人民群众的意志。工会的政治地位决定了工会应当维护国家法律的权威与尊严，监督法律的贯彻实施。

二是由工会组织的性质决定。工会是中国共产党领导的职工自愿结合的工人阶级群众组织，是职工利益的代表者和维护者。维护职工合法权益、竭诚服务职工群众是工会的基本职责。《工会法》第二十三条规定，企业、事业单位、社会组织违反劳动法律法规规定，有克扣、拖欠职工工资，不提供劳动安全卫生条件，随意延长劳动时间，侵犯女职工和未成年工特殊权益以及其他严重侵犯职工劳动权益的情形，工会应当代表职工与企业、事业单位、社会组织交涉，要求企业、事业单位、社会组织采取措施予以改正；企业、事业单位、社会组织应当予以研究处理，并向工会作出答复；企业、事业单位、社会组织拒不改正的，工会可以提请当地人民政府依法作出处理。由此可见，开展劳动法律监督，推动劳动法律的贯彻落实，是工会的重要职责。

《中国工会章程》第十五条第二款明确规定："各级工会组织应当组织和代表职工开展劳动法律监督。"如果不依法开展劳动法律监督工作，不与侵犯劳动者合法权益的现象进行斗争，工会就不能有效维护职工的合法权益，就不能成为职工群众信赖的职工之家。

第五条 县级以上总工会负责本行政区域内的工会劳动法律监督工作。

产业工会负责本产业的工会劳动法律监督工作。

> 乡镇（街道）工会、开发区（工业园区）工会、用人单位工会和区域性、行业性工会联合会等基层工会，负责本区域、本单位、本行业的工会劳动法律监督工作。

条文释义

本条是对各级工会在工会劳动法律监督工作中职责分工的相关规定。

学习问答

▶▶ 工会开展劳动法律监督享有哪些权利?

保障职工的合法权益是工会的职责所在，而劳动法律监督的开展便是履行职责的一大体现。工会开展劳动法律监督应具有以下权利：监督用人单位遵守劳动法律法规的权利、调查和处理职工合法权益问题的权利、提出意见和建议的权利、支持和帮助职工行使劳动法律监督权利的权利、参与劳动争议处理的权利、参与安全生产和职业健康监督的权利、知情权以及法律法规规定的其他监督权利。上述权利的行使有利于工会充分履行监督职责，有效维护职工的合法权益，推动用人单位依法依规经营。

根据《工会法》《劳动法》《劳动合同法》《劳动保障监察条例》等法律法规，以及《工会劳动法律监督办法》第八条规定，工会开展劳动法律监督，依法享有监督用人单位遵守劳动法律法规的情况，调查侵犯职工合法权益的问题，提出意见要求依法改正，提请政府或者有关执法部门依法处理、支持和帮助职工依法行使劳动法律监督权利，以及法律法规规定的其他劳动法律监督权利。工会的这些权利是依法确立和依法行使的，对监督对象有法律上的约束力。

工会开展劳动法律监督，目的在于纠正用人单位违反劳动法律法规的行为，保证劳动法律法规的遵守和执行，保障劳动者合法权益的实现。因此，对于监督中发现的违法问题必须及时、有效地处理。工会本身不具有行政处罚、司法审判的权力，不能单独、直接地处理违法行为和责任人员，但依法有权参与对违反劳动法律法规行为的调查处理。《工会法》第二十二条规定："企业、事业单位、社会组织处分职工，工会认为不适当的，有权提出意见。用人单位单方面解除职工劳动合同时，应当事先将理由通知工会，工会认为用人单位违反法律、法规和有关合同，要求重新研究处理时，用人单位应当研究工会的意见，并将处理结果书面通知工会。"《工会法》第二十六条规定："工会有权对企业、事业单位、社会组织侵犯职工合法权益的问题进行调查，有关单位应当予以协助。"《安全生产法》第六十条第三款规定："工会有权依法参加事故调查，向有关部门提出处理意见，并要求追究有关人员的责任。"

第六条 县级以上人民政府人力资源社会保障、发展改革、公安、司法行政、住房城乡建设、卫生健康、应急管理、交通运输、市场监督管理等部门以及共青团、妇联、残联等组织，按照各自职责支持工会依法开展工会劳动法律监督。

县级以上人力资源社会保障等有关部门对劳动法律法规执行情况进行专项检查时，可以邀请同级总工会参加；在处理重大疑难劳动违法案件时，应当听取同级总工会意见。

条文释义

本条是对县级以上人民政府相关职能部门以及共青团、妇联、残联等组织在支持工会依法开展工会劳动法律监督方面的职责和协作机制的相关规定。

学习问答

▶▶ 工会如何建立与政府有关部门之间的协作联动机制？

从法理角度来看，《陕西省工会劳动法律监督条例》通过政府与工会的联席会议制度、建立协调劳动关系三方机制、强化监督协同机制、推动“工会+”模式深化、保障工会的参与权和监督权以及推动法治化建设等多方面措施，为工会与政府有关部门之间的协作联动机制提供了坚实的法律基础。联席会议制度确保工会能够有效参与政策制定和实施过程；协调劳动关系三方机制促进工会、政府部门及其他社会组织之间的协作；监督协同机制提升工会地位，增强司法机关对工会工作的支持；“工会+”模式深化推动劳动争议的有效解决；保障工会的参与权和监督权以及推动法治化建设有利于确保工会在劳动法律监督中的主体地位。

2020年，陕西省政府与省总工会第27次联席会议上，“一函两书”制度经审议正式通过。2021年1月，省总工会联合省人社厅印发《关于推行工会劳动法律监督“一函两书”制度的通知》，要求全省工会建立健全横向到边、纵向到底的四级监督组织网络，实行“以上代下”或“上浮一级”的监督方式，彰显工会维权作为。

协调配合原则是《工会劳动法律监督办法》第三条规定的工会劳动法律监督工作应当遵循的原则之一。这是因为，工会劳动法律监督的群众性决定了它不能直接对违反劳动法律法规的行为进行纠正处罚，必须向有处理、处罚权的行政执法机关反映并督促其及时处理、处罚。及时发现违反劳动法律法规的情况和及时、准确、有效地处理违反劳动法律法规行为，是劳动法律监督制度的两个重要方面。必须将发现问题和处理问题紧密联系起来，这就要求工会劳动法律监督工作与行政执法机关的监督、监察工作紧密联系起来，密切配合。

工会劳动法律监督与政府有关部门的劳动执法监督相互衔接、相互支持、相互补充，是推动落实劳动法律、预防和化解劳动争议、促进劳动关系和谐稳定的重要实现方式。工会通过建立协作联动机制，积极主动支持配合政府有关部门劳动执法，更好地发挥工会劳动法律监督作用。劳动、卫生健康、应急管理等负有执行劳动法律职责的部门，通过与工会协调配合，充分利用工会在监督方面的组织优势和群众优势，可以拓宽执法渠道，提升执法水平。

县级以上地方工会应当加强与同级政府有关部门的协调配合，通过建立健全协作联动工作机制，建立日常联络制度、情况通报制度、定期会商制度、重大案件处理反馈制度等，发挥各自优势，密切配合，形成监督合力，实现优势互补，增强工会劳动法律监督实效。2001 年 11 月，劳动和社会保障部与全国总工会联合印发《关于加强劳动保障监察与工会劳动保障法律监督相互协调配合工作的通知》，提出情况通报、工作例会、案情反馈等联动工作要求。

实践中，不少地方通过地方立法、联合下发文件等多种方式，建立工会与有关行政执法部门的情况通报、信息共享、定期会商等制度。在处理违反劳动法律法规的重大案件时，行政执法部门主动听取工会意见，共同推动劳动关系的和谐发展。如《内蒙古自治区工会劳动法律监督条例》明确规定了政府相关部门与工会建立劳动法律监督协作机制，对无正当理由拒不整改、情节恶劣或者造成严重不良社会影响的违法用人单位，旗县级以上地方工会应当将其纳入劳动关系预警名单，与同级公共信用信息平台共享相关信息。把工会的监督结果与社会诚信体系建设挂钩，增强了工会监督的实效。上海、江苏、四川、青海、西藏等省级工会通过与人社部门联合下发指导意见、签发会议纪要或签署备忘录等形式，建立了省级劳动保障监察与工会劳动法律监督协作联动工作专项机制。

第七条 县级以上人力资源社会保障部门、总工会与企业联合会、工商业联合会等企业代表组织，应当建立健全协调劳动关系三方机制，共同研究解决有关劳动关系的重大问题。

县级以上总工会应当与同级人民法院、人民检察院建立健全劳动法律监督协作机制，共同维护劳动者合法权益。

条文释义

本条是对协调劳动关系三方机制和劳动法律监督协作机制的相关主体及其职责的相关规定。

学习问答

▶▶ 工会如何更好推动协调劳动关系三方机制和劳动法律监督协作机制的建立健全？

根据《工会法》及相关法律法规，工会在劳动关系协调和劳动法律监督中具有不可替代的作用。工会应通过立法和政策建议，进一步明确其在劳动关系治理中的核心地位，确保能够依法履行监督职责。

一方面，工会应通过“一函两书”制度与司法机关、劳动监察部门建立协作机制，确保劳动法律法规的统一实施。例如，2024 年 5 月，陕西省总工会与省人民检察院联合印发《关于协同推进运用“一函两书”制度保障劳动者权益工作的通知》，与省高级人民法院联合印发《关于协同推进“一函两书”工作的实施意见》，共同商议开展专项工作，指导各市级总工会与同级法院、检察院对接开展工作。通过多方联动形成监督合力，提升劳动法律监督的效率和权威性。

另一方面，工会应通过联合相关部门建立劳动争议多元化解机制，实现“工会+”模式。2023年，陕西省总工会联合省法院、司法厅、人社厅制定《关于建立劳动争议多元化解机制的意见》，将工会劳动法律监督工作与劳动争议“调裁、调诉”多元化解进行衔接，确保争议“一站式”解决。陕西省总工会“工会+”多元化解劳动争议模式入选全省法院诉源治理十大典型案例。

第八条　用人单位应当遵守劳动法律法规，自觉接受并配合工会依法实施劳动法律监督，完善劳动纠纷协商调解制度，加强对劳动纠纷的事前预防和协商解决。

条文释义

本条是对用人单位在工会劳动法律监督中应尽义务的相关规定。

学习问答

用人单位应在工会劳动法律监督中履行何种义务？

在工会劳动法律监督中，用人单位既是监督对象，又是监督主体。作为监督对象，用人单位需要遵守劳动法律法规，履行劳动合同约定的义务；作为监督主体，用人单位有责任对自身的劳动行为进行自我监督，确保合法合规。

一是遵守劳动法律法规。用人单位必须严格遵守国家的劳动法律法规，包括《劳动法》《劳动合同法》《社会保险法》等。这些法律法规明确了用人单位在劳动合同订立、履行、变更、解除和终止过程中的义务，以及在工资支付、工作时间、休息休假、劳动安全卫生、社会保险等方面的具体要求。

二是自觉接受并配合工会监督。用人单位应当自觉接受并配合工会依法实施的劳动法律监督，为其提供必要的资料和信息，不得拒绝或阻挠工会的监督活动。

三是完善劳动纠纷协商调解制度。用人单位应完善劳动纠纷协商调解制度，加强对劳动纠纷的事前预防和协商解决，建立健全内部的劳动纠纷处理机制，及时发现和解决潜在的劳动纠纷，防止矛盾激化。在处理劳动纠纷时，应遵循合法程序，加强与工会的沟通和协作。

第九条 工会应当加强普法宣传，教育职工遵守劳动法律法规以及用人单位依法制定的规章制度，引导职工依法表达诉求，并为职工申请劳动仲裁和提起诉讼给予支持和帮助。

条文释义

本条是对工会在普法宣传、职工教育、权益维护等方面职责的相关规定。

学习问答

▶▶ 工会开展劳动法律监督有什么重要意义？

工会开展劳动法律监督是维护职工合法权益、构建和谐劳动关系、推动法律法规实施、补充社会监督与政府监督、促进经济社会发展以及履行法律赋予的权利与义务的重要体现。通过有效的劳动法律监督，工会可以预防和化解劳动争议，避免矛盾激化，促进用人单位与职工之间的沟通与协商，从而为构建公平、公正、和谐的劳动关系提供有力保障。

维护职工合法权益、构建和谐劳动关系是国家制定劳动法律的基本宗旨。工会开展劳动法律监督，是《工会法》规定的工会的重要职责，是推动劳动法律法规贯彻实施的重要力量，是工会促进企事业单位健康发展、维护职工合法权益、推动构建和谐劳动关系的有效手段。1995 年，全国总工会印发《工会劳动法律监督试行办法》，有效规范和保障了工会劳动法律监督工作。进入新发展阶段，为深入贯彻落实党中央有关文件精神和决策部署，更好地发挥工会劳动法律监督作用，推动解决劳动关系领域新情况新问题，2021 年，全国总工会对《工会劳动法律监督试行办法》进行修订，印发《工会劳动法律监督办法》。2023 年，中国工会十八大确定了未来五年工会的工作重点，以“一函两书”机制建设为突破口，加强工会劳动法律监督工作。2024 年，在深入调研、广泛征求意见的基础上，全国总工会对《工会劳动法律监督办法》作了进一步修改，印发新版《工会劳动法律监督办法》。

实践证明，工会依法开展劳动法律监督，对推动劳动法律实施、促进建设中国特色社会主义法治体系、促进法治中国建设具有重要的现实意义和长远意义。

一是工会开展劳动法律监督，能够促使用人单位认真遵守、执行国家劳动法律法规，纠正违反劳动法律法规的行为，维护广大职工的合法权益，促进劳动关系的和谐稳定。

二是工会开展劳动法律监督，能够在实践中发现问题、提出问题、研究问题，进而推动完善我国的劳动法律制度和劳动法律监督体系。

三是工会开展劳动法律监督，能够提高用人单位、用工单位和广大劳动者的法律意识和法律素质，从而促进我国的社会主义法治体系建设。

四是工会开展劳动法律监督，能够促使工会自身不断培养和强化法治观念，不断改进维权方式方法，提高维权能力和水平，加强自身改革和建设，更好地服务职工群众。

第十条　工会劳动法律监督委员会在同级工会的领导下开展劳动法律监督具体工作，并接受上级工会劳动法律监督委员会的业务指导。

会员不足二十五人的基层工会，可以在职工中推选工会劳动法律监督员，承担本单位工会劳动法律监督具体工作。

条文释义

本条是对工会劳动法律监督委员会的职责和基层工会劳动法律监督员的设立与职责的相关规定。

学习问答

▶▶ 工会劳动法律监督委员会的职责是什么？

工会劳动法律监督是工会依法对劳动法律法规执行情况进行的有组织的群众监督，是我国劳动法律监督体系的重要组成部分。工会劳动法律监督委员会通过行使监督权、调查权、建议权等，有效维护职工的合法权益，促进劳动关系的和谐稳定。工会劳动法律监督委员会的监督行为应当遵循依法规范、客观公正、依靠职工、协调配合的原则，确保监督工作的合法性和有效性。

一方面，工会劳动法律监督委员会应在同级工会的领导下开展劳动法律监督。一是监督用人单位遵守劳动法律法规，包括劳动合同的签订与履行、工作时间、工资报酬、劳动安全卫生、社会保险等方面的规定。二是参与调查处理劳动纠纷，对侵犯职工合法权益的问题进行调查核实，并提出整改意见，在必要时，工会可以提请政府有关主管部门依法处理。三是支持和帮助职工依法行使劳动法律监督权利，为职工提供必要的法律援助和指导。四是加强法治宣传，引导用人单位依法用工，教育职工依法理性表达合理诉求。

另一方面，工会劳动法律监督委员会应接受上级工会劳动法律监督委员会的业务指导，工会劳动法律监督委员会应积极配合上级工会的监督检查，对上级工会交办的劳动法律监督事项，应及时办理并报告。同时，在工作中遇到重大疑难问题时，应及时向上级工会报告，接受指导和帮助。

第十一条 工会劳动法律监督委员会由三名以上工会劳动法律监督员组成，设主任一名，主任由工会主席或者副主席担任。工会劳动法律监督员人数根据实际情况确定，女职工人数较多的，应当有适当比例的女性。

县级以上总工会劳动法律监督委员会成员由相关业务部门的人员组成，产业工会劳动法律监督委员会成员从工会工作者和职工中推选产生。县级以上总工会和产业工会可以聘请人大代表、政协委员、专家学者、律师、劳动模范等担任本级工会劳动法律监督委员会特邀监督员，参与工会劳动法律监督工作。

基层工会劳动法律监督委员会成员从工会工作者和职工中推选产生。

工会劳动法律监督委员会任期与同级工会委员会任期相同。

条文释义

本条是对工会劳动法律监督委员会的组成、成员产生、工作方式和任期的相关规定。

学习问答

▶▶ 工会劳动法律监督委员会如何组成？

工会劳动法律监督委员会由三名以上工会劳动法律监督员组成，设主任一名，主任由工会主席或者副主席担任，保证监督工作的领导力量和资源调配。这种组成结构确保了监督工作的组织性和权威性。

工会劳动法律监督员人数根据实际情况确定，女职工人数较多的，应当有适当比例的女性，这体现了对女职工权益的重视和保护，确保监督工作的全面性和代表性。

▶▶ 特邀监督员如何在工会劳动法律监督委员会中发挥作用？

一是提供专业咨询与指导。特邀监督员中的人大代表、政协委员、专家学者、律师等，凭借其专业知识和经验，能够对工会劳动法律监督工作中的复杂问题提供专业咨询和指导。例如，在处理涉及劳动法律法规的疑难案件时，律师特邀监督员可以就案件的法律适用、证据收集等方面给出专业建议，帮助监督委员会更准确地把握问题关键，依法开展监督工作。

二是发挥调查研究与监督作用。特邀监督员可以参与工会劳动法律监督委员会组织的调查研究活动，深入了解用人单位遵守劳动法律法规的情况，以及职工劳动权益保障的现状和存在的问题，对用人单位进行实地监督和检查，并凭借自身的人脉资源和社会影响力，获取更广泛、更深入的信息，为监督委员会制定有针对性的监督措施提供依据。

三是加强宣传教育与培训。特邀监督员可以利用自身的社会地位和影响力，积极参与工会劳动法律监督的宣传教育活动，向用人单位和职工宣传劳动法律法规，提高用人单位的法律意识和职工的维权意识，并通过参与工会劳动法律监督员的培训工作，为监督员提供专业培训和业务指导，帮助监督员提高法律素养和业务能力，更好地履行监督职责。

四是强化协调沟通与合作作用。特邀监督员可以发挥自身优势，协调工会劳动法律监督委员会与政府相关部门、用人单位、职工等各方之间的关系，促进各方之间的沟通与合作，同时可以整合社会资源，为工会劳动法律监督工作提供支持和帮助。

第十二条 工会劳动法律监督员应当具有较高的政治觉悟，熟悉劳动法律法规，热心维护职工合法权益，具有履行职责所需的业务能力。

工会劳动法律监督员应当奉公守法、勤勉尽责、清正廉洁，不得徇私舞弊、牟取不正当利益，不得泄露在履职过程中知悉的个人信息和商业秘密。

县级以上总工会、省级产业工会应当定期对工会劳动法律监督员进行培训，提高其履职能力。

工会劳动法律监督员管理办法由省总工会制定。

条文释义

本条是对工会劳动法律监督员的任职条件、职责及管理办法的相关规定。

学习问答

▶▶ 工会劳动法律监督员应当具备哪些条件？

工会劳动法律监督员的任职条件需兼具法律专业性、代表性和独立性，还要符合道德和相关规定，即通过严格的资格限制与程序规范，确保监督权的行使既符合法定授权，又能有效制约用人单位。具体体现如下：一是工会劳动法律监督员需要具有较高的政治觉悟、热爱工会工作，这是其履职的基础；二是工会劳动法律监督员必须熟悉劳动法律法规、政策和规章，具备履职所需的专业能力，这是其能够有效开展监督工作的前提条件；三是工会劳动法律监督员需公道正派，热心为职工群众说话办事，这是其职业道德的核心要求；四是工会劳动法律监督员需奉公守法、清正廉洁，不得徇私舞弊或泄露个人信息。上述条件旨在确保工会劳动法律监督员能够依法依规履行职责，维护职工合法权益，同时保障用人单位的合法权益不受侵害。

工会开展劳动法律监督工作，需要建立完善各级工会劳动法律监督组织，同时还需要有一支热心工会劳动法律监督工作、责任心强、熟练掌握和运用劳动法律法规的监督员队伍。工会劳动法律监督员是各级工会组织任命或聘任的在工会劳动法律监督组织中从事劳动法律监督工作的专职、兼职人员，是工会履行劳动法律监督职责的具体执行者。

县级以上工会劳动法律监督员包括县级以上各级工会劳动法律监督委员会委员及工会劳动法律监督委员会聘请的专职、兼职监督员。基层工会劳动法律监督员包括基层工会设立的或用人单位职工代表大会设立的劳动法律监督委员会、监督小组的成员。

工会劳动法律监督工作是一项政治性、专业性、群众性、廉洁性要求都很高的工作。工会劳动法律监督员素质的好坏、能力的大小、水平的高低，能否尽职尽责，能否真正地、充分地发挥作用，是工会劳动法律监督职责能否实现的关键。工会劳动法律监督员的素质、水平如何，不仅是其个人问题，也关系到工会组织代表、维护职工合法权益这一职能的实现，关系到劳动法律法规能否真正贯彻落实，关系到社会主义市场经济条件下劳动关系的和谐稳定等重要问题。因此，加强工会劳动法律监督员队伍建设，必须明确工会劳动法律监督员的任职条件。全国总工会《工会劳动法律监督办法》第十七条对工会劳动法律监督员的任职资格和条件作出四条规定：

一是具有较高的政治觉悟，热爱工会工作。这是对工会劳动法律监督员政治性的要求。强调政治性，是因为工会不仅是群众组织，更是政治组织，政治性是工会组织的灵魂。工会是中国共产党领导的人民团体，坚持自觉接受党的领导是做好包括工会劳动法律监督在内的各项工会工作的根本政治原则和政治保证。对工会劳动法律监督员政治性的要求，具体包括热爱中国共产党、自觉接受党的领导、热爱祖国、热爱社会主义事业和工运事业、热爱工会工作等。

二是熟悉劳动法律法规，具备履职能力。这是对工会劳动法律监督员专业性的要求，也是基本要求。工会劳动法律监督的主要目的是纠正用人单位的劳动违法行为，维护职工的合法权益。判断职工合法权益是否受到侵犯，主要依据是法律，也就是从事实和程序上判断用人单位的行为是否违法。这就要求工会劳动法律监督员既要对《工会法》《劳动法》《劳动合同法》《职业病防治法》《安全生产法》《社会保险法》《职工带薪年休假条例》《最低工资规定》《工资支付暂行规定》《女职工劳动保护特别规定》等劳动法律法规了然于胸、娴熟运用，还要熟悉国家有关就业、劳动报酬、工作时间、休息休假、社会保险、职业技能培训、职工福利以及新就业形态劳动者权益维护等政策规定。只有这样，工会劳动法律监督员才能依法进行监督，发挥监督效能。

三是公道正派，热心为职工群众说话办事。这是对工会劳动法律监督员群众性的要求。强调群众性，是因为工会是职工自愿结合的工人阶级群众组织，是职工和会员合法权益的代表。《中国工会章程》明确中国工会的基本职责是维护职工合法权益，竭诚服务职工群众。中国工会的性质和基本职责决定了工会群众组织的本质属性，要求必须始终坚持以职工为中心的工作导向，开展工作和活动要以职工群众为中心，对职工群众充满感情。只有这样，才能发挥工会劳动法律监督特有的优势和作用。

四是奉公守法，清正廉洁。这是对工会劳动法律监督员廉洁性的要求。强调廉洁性，是因为工会劳动法律监督员是工会劳动法律监督工作的具体执行者，在监督过程中，有调查、处理或者向政府劳动监察部门提出建议的权利，存在一定的廉政风险。这就要求工会劳动法律监督员自身必须遵守宪法和法律，恪守职业道德，公平公正，廉洁自律。只有这样，工会劳动法律监督员才能赢得职工群众的信任，才能获得用人单位的尊重，劳动法律监督工作才能取得实效。

第十三条 工会开展劳动法律监督工作，依法履行下列职责：

（一）开展劳动法律法规宣传；

（二）监督用人单位遵守劳动法律法规的情况；

（三）受理违反劳动法律法规，侵害职工合法权益的投诉举报；

（四）调查侵犯职工合法权益的问题，提出意见要求依法改正；

（五）提请政府或者有关部门依法处理；

（六）法律、法规规定的其他职责。

条文释义

本条是对工会开展劳动法律监督工作职责要求的相关规定。

学习问答

工会劳动法律监督员的职责是什么？

工会劳动法律监督员的职责应当体现合法性与公正性、民主性和群众性、协同合作等核心逻辑，具体体现如下：

一是监督用人单位遵守劳动法律法规。《工会法》第六条，《劳动法》第八十八条，《劳动合同法》第七十八条均明确了工会的民主监督定位。这一职责体现了工会作为社会监督主体的法律定位，旨在通过监督保障职工合法权益，促进企业高质量发展。

二是调查和处理违法行为。《工会法》赋予工会提出意见、要求纠正、调查的权利，这一职责体现了工会监督的独立性和权威性，确保监督员能够依法行使职权，维护职工合法权益。

三是宣传教育和普法工作。《工会法》赋予工会教育引导职工遵守规章制度的权利，这一职责体现了工会监督的社会教育功能，通过普法宣传提升职工的法律意识，减少劳动争议的发生。

四是协调与政府及相关部门的合作。《工会劳动法律监督办法》明确了工会与劳动行政部门、企业行政部门等的合作机制，这一职责体现了工会监督的协同性，通过多方协作形成合力，确保监督工作的有效性和权威性。

工会劳动法律监督员是工会劳动法律监督行为的具体执行者，需要履行以下职责：

一是开展劳动法律法规和有关政策宣传。这是工会劳动法律监督的一项基础性、经常性工作，是预防劳动争议的有效手段。通过广泛开展法治宣传，提升用人单位和劳动者法律意识，引导用人单位依法制定规章制度、规范用工、履行企业社会责任，让劳动者爱岗敬业、依法理性表达合理诉求。

二是对用人单位遵守劳动法律法规的情况进行监督，发现问题，提出处理意见，督促用人单位整改落实。通过对用人单位遵守劳动法律法规、保障职工合法权益情况实施监督，发现问题、报告问题，推动完善相关立法和制度设计，再通过监督推进新制度实施，实现良法善治。

三是发现严重损害劳动者合法权益的行为，及时向工会（劳动法律监督组织）和当地政府劳动保障监察部门报告，要求迅速查处。这是由工会组织的自身性质决定的。工会是职工自愿结合的工人阶级群众组织，不是执法机关，没有处罚权，有的只是监督建议权。在发现用人单位存在劳动违法行为时，应及时向劳动保障监察部门建议查处。

四是接受职工的投诉，对用人单位执行劳动法律法规的情况进行调查，向工会（劳动法律监督组织）汇报，提出处理意见。这是工会劳动法律监督作为群众监督具有的独特优势。发动、组织和依靠职工群众对劳动违法行为进行投诉，掌握案件线索，有针对性地开展调查，依法提出处理意见，形成工会劳动法律监督完整高效的流程闭环。

五是参加人大、政协、政府组织的劳动法律法规政策执行情况的执法检查、委员视察、监督检查等活动。这是履行工会参与职能的具体体现，通过参与执法检查、委员视察、监督检查等活动，代表职工表达意见诉求，促进劳动法律贯彻落实和修改完善，从源头上维护职工合法权益。

第十四条　工会劳动法律监督包括下列内容：

（一）国家有关就业规定的执行情况；

（二）劳动合同的订立、履行、变更、解除和终止情况；

（三）集体协商和集体合同的签订、履行情况；

（四）工资支付、最低工资、加班工资、福利待遇规定落实情况；

（五）工作时间、休息、休假制度的执行情况；

（六）安全生产、职业病防治规定和强制性国家标准执行情况，依法参与安全生产、职业病危害等事故的调查处理；

（七）养老、医疗、工伤、失业、生育等社会保险规定执行情况；

（八）女职工、未成年工、残疾职工等劳动特殊保护规定执行情况；

（九）企事业单位民主管理有关规定的执行情况；

（十）职工职业培训及其经费提取、使用情况；

（十一）劳务派遣人员合法权益保障情况；

（十二）直接涉及劳动者利益的用人单位内部管理制度的制定、修改和执行情况或者重大事项的决定和执行情况；

（十三）法律、法规规定的其他劳动法律监督事项。

条文释义

本条是对工会劳动法律监督具体内容的相关规定。

学习问答

▶▶ 工会劳动法律监督的内容有哪些？

工会劳动法律监督是《工会法》《劳动法》《劳动合同法》等法律法规赋予工会组织的法定职责，旨在保障劳动者合法权益、维护劳动法律秩序，其内容覆盖劳动关系全流程，具体包括国家就业规定、劳动合同管理、集体协商与集体合同履行、工资支付与福利待遇、工作时间与休息休假制度、安全生产与职业病防治、社会保险执行、特殊群体保护、民主管理、职业培训、劳务派遣人员权益保障、内部管理制度以及法律规定的其他事项，体现了工会在维护职工合法权益方面的全面性和系统性。

《陕西省工会劳动法律监督条例》第十四条明确了工会劳动法律监督的主要内容，旨在全面保障劳动者的合法权益。工会的监督范围涵盖了从就业到劳动合同的各个环节，包括平等就业的执行情况以及劳动合同的订立、履行、变更、解除和终止等具体内容。同时，工会还关注工资支付、最低工资标准、加班工资及福利待遇的落实情况，确保劳动者的经济权益得到保障。在工作时间和休息休假方面，工会监督用人单位是否严格执行国家相关规定，维护劳动者的休息权和健康权。

此外，工会还负责监督安全生产和职业病防治规定的执行情况，并依法参与生产安全事故和职业病危害事故的调查处理，确保劳动者的生命安全和健康权益不受侵害。在社会保险方面，工会检查用人单位是否依法参加养老、医疗、工伤、失业和生育保险，并按时缴纳相关费用，为职工提供基本的生活和医疗保障。对于女职工、未成年工和残疾职工等特殊群体，工会也特别关注其保护措施的落实情况，防止任何形式的歧视和不公平待遇发生。

在民主管理和职工权益保障方面，工会监督企事业单位是否依法建立职工代表大会等民主管理制度，确保职工的知情权和参与权得到充分体现。同时，工会还关注用人单位内部管理制度的制定与执行情况，特别是涉及职工利益的重大事项的决策过程。对于劳务派遣人员和新业态平台企业从业人员，工会加强监督，确保其合法权益不受侵害。例如，针对新业态平台企业，工会重点检查是否存在超时劳动和克扣工资等问题。

最后，工会还负责监督法律法规规定的其他劳动法律事项的执行情况，如禁止使用童工和防止性骚扰等。通过全面细致的监督工作，工会致力于维护劳动者的合法权益，促进劳动关系的和谐与稳定。

▶▶ 工会开展劳动法律监督的重点是什么？

工会开展劳动法律监督的重点在于通过法律授权的程序化手段，确保劳动基准的落实、契约自由的公平及弱势群体的实质保护。其核心逻辑是平衡劳动关系中的权利不对称，以监督促进守法，最终实现劳动法律的规范价值与社会正义的统一。具体主要包括劳动合同与集体合同的合法性监督、劳动基准与劳动条件的落实、安全生产与职业健康保护、社会保险与特殊群体权益保障以及争议解决与监督程序的法治化等。

工会劳动法律监督的根本任务是解决劳动法律实施中存在的问题，纠正劳动违法行为，推动劳动法律正确贯彻执行，从而维护职工合法权益。因此，违约侵权等直接侵害职工合法权益的行为应当是工会劳动法律监督的重点。根据有关法律法规及工会劳动法律监督的实践，全国总工会《工会劳动法律监督办法》第十条采用列举的方式，具体规定了工会开展劳动法律监督的重点内容，即监督用人单位恶意欠薪、违法超时加班、违法裁员、未缴纳或未足额缴纳社会保险费、侮辱体罚、强迫劳动、就业歧视、使用童工、侵犯女职工特殊权益、损害职工健康等严重侵害职工合法权益问题。这十个方面，基本涵盖了用人单位应当遵守的劳动法律法规规定的主要义务，直接涉及职工的切身利益，应当作为工会开展劳动法律监督的重点和主要内容。《工会劳动法律监督办法》第十条还明确规定，对在监督过程中发现的有关问题线索，工会应当调查核实，督促整改，并及时向上级工会报告；对职工申请仲裁、提起诉讼的，工会应当依法给予支持和帮助。

如近年来针对比较突出的用人单位恶意欠薪问题，各级工会始终坚持将推动根治欠薪工作作为工会劳动法律监督和维权服务的重点，特别是每年“两节”前后，大力开展法治宣传教育、法律援助服务和劳动争议调处等工作，认真落实集体协商、欠薪纠纷多元化解机制，切实维护职工合法权益，构建和谐劳动关系。陕西、河北、四川、黑龙江等地工会召开专题会议，下发专门通知，明确要求所属各级工会以整治欠薪“冬季攻坚”专项行动为载体，深入企业、工地，帮助解决农民工欠薪问题。

再如针对超时加班、社保费缴纳、职工年假、女职工产假和最低工资等问题，陕西省西安市雁塔区总工会充分利用“一函两书”机制，坚持实地检查与普法宣传相结合，在积极配合执法检查中结合具体案例向劳动者和用人单位进行法律法规宣传。

第十五条　县级以上总工会，产业工会，区域性、行业性工会联合会，新业态平台企业工会以及关联企业工会等，应当加强对新业态平台企业以及关联企业遵守劳动法律法规情况的监督，督促企业在制定规章制度等重大事项中遵守劳动法律法规。

条文释义

本条是关于新业态平台企业及关联企业工会劳动法律监督职责的专门性规定。

学习问答

▶▶ 为什么县级以上总工会和其他相关工会有责任加强对新业态平台企业的劳动法律监督?

新业态平台企业及关联企业在用工模式上与传统企业存在较大差异，容易出现超时劳动、克扣工资等问题。县级以上总工会及其他相关工会作为劳动者权益的代表和维护者，有责任加强对这些企业的监督，确保其遵守劳动法律法规。通过督促企业在制定规章制度等重大事项中依法行事，可以有效预防和解决劳动关系中的潜在问题，维护新业态从业人员的合法权益。

▶▶ 各省在新业态平台企业劳动法律监督方面有哪些具体实践?

陕西省各级工会为新业态企业开展“法治体检”，提供全面的用工风险排查和法律政策宣讲，例如，针对直播行业开展专项治理，重点检查劳动合同签订、薪酬支付以及主播权益保障等情况，推动行业规范化发展；浙江省开展专项检查，针对网约车和外卖配送行业开展专项检查，重点核查劳动合同签订情况和薪酬支付情况，确保从业人员的合法权益得到保障；广东省实施书面协议推广，建立了新业态从业人员权益保障机制，推动平台企业与从业人员签订书面协议，明确双方的权利和义务，减少劳动争议的发生；江苏省加强对灵活用工平台的监管，要求平台公开用工规则并接受社会监督，确保用工过程的透明化和合法化；北京市设立专门的新业态劳动争议调解中心，为从业人员提供法律援助和纠纷调解服务，帮助解决劳动争议问题。

第十六条 上级工会应当加强对下级工会劳动法律监督工作的指导和检查。

下级工会应当及时办理上级工会交办的劳动法律监督事项，并报告办理结果。涉及工会劳动法律监督的重大事项或者开展工会劳动法律监督工作有困难的，下级工会应当及时向上级工会报告，上级工会应当给予指导帮助。

条文释义

本条是关于工会劳动法律监督体系中上下级工会协作机制的相关规定。

学习问答

上级工会接到职工投诉后应如何处理？

上级工会处理职工投诉的法定程序，根植于《工会法》的民主集中制原则与《工会劳动法律监督办法》“统一领导、分级负责”的监督体系。其核心是通过科层化协作与民主参与相结合，将个体维权诉求转化为系统化监督行动，实现《宪法》第四十一条公民监督权的组织化表达。

在经过分类转办、动态指导、介入支持、协同处置的闭环管理机制作用后，通过民主集中制原则平衡“上级权威性”与“基层自主性”，既以考核问责强化《劳动法》第八十八条的监督刚性，又通过限时办结、标准化流程保障基层能动性。其本质是将职工个体权利纳入工会组织化维权轨道，破解“基层不敢监督”的困境，实现工会“双重维护”职能的制度化落地。

上级工会接到职工投诉后，可以按照属地管理、分级负责的原则，出具交办函，将投诉事项交由下级工会办理。

承办的工会接到交办函后，应当认真办理，并在交办函规定的期限内办结。对疑难、复杂的案件，经交办的工会同意，可适当延长办理期限，但延长期限一般不超过30个工作日。交办事项办结后，承办的工会要将结果反馈给实名投诉人，并及时形成办理情况报告，报送交办的上级工会。

第十七条 工会应当建立健全劳动法律监督投诉举报制度，公布受理方式，接受对用人单位违反劳动法律法规、侵害劳动者合法权益的情况反映，并对投诉举报人个人信息予以保密。

工会劳动法律监督委员会、工会劳动法律监督员可以通过实地检查、网络巡查、风险评估等方式对用人单位实施经常性监督，对发现的劳动关系风险隐患，按照有关规定作出处理。

条文释义

本条是关于工会建立健全劳动法律监督投诉举报制度、实施常态化监督及处理劳动关系风险的规定。

学习问答

▶▶ 如何畅通工会劳动法律监督投诉渠道?

对用人单位的劳动违法行为进行投诉是法律赋予职工的一项重要权利。接受投诉是工会及时了解掌握劳动关系矛盾苗头性、倾向性问题的重要方式，是建立完善劳动关系舆情监测机制的重要途径，对发挥工会劳动法律监督作用至关重要。畅通工会劳动法律监督投诉渠道，主要有以下方式：

一是加强信息公开。将工会劳动法律监督委员会的工作地址、电话等信息向社会公布，以便接受职工对用人单位违反劳动法律法规、侵犯职工合法权益情况的反映。

二是畅通投诉渠道。可以通过设置工会劳动法律咨询接待窗口，现场受理劳动者投诉；也可以通过职工维权热线、微信公众号、工会劳动法律监督投诉网页等方式，接收投诉信息。

三是做好后续处理。完善投诉处理程序，明确信息收集、登记、核实、受理、调查、处理、跟踪督查等各个阶段的实施目标和操作内容，实现投诉全流程标准化管理。

实践中，部分地方工会通过完善信息收集、研判、回应机制，实现早知道、早介入、早处理，将劳动关系风险隐患降至最低。例如，北京市总工会印发《关于通过 12351 热线对违反劳动法律法规行为进行有奖举报的工作方案》，建立违法行为有奖举报制度，积极拓展工会劳动法律监督渠道。江西、海南等省总工会建立信访接待、工会干部常态值班制度等，形成舆情、信访、调解、监督和法律援助“五位一体”化解劳动争议体系。

▶▶ 基层工会接到投诉等情况反映后应如何处理?

基层工会接到关于用人单位违反劳动法律法规的投诉等情况反映，一般应当进行登记，登记内容主要包括职工的个人信息、工作单位、联系方式、反映的主要问题及诉求等。

经核查，反映情况属实且属于基层工会职责范围内的事项，应当及时受理，开展相关调查检查工作。如果反映情况重大或者复杂，应及时向上级工会报告，在上级工会指导下启动监督或者共同处理。反映情况不属于工会劳动法律监督范围或者已经进入行政执法、仲裁、诉讼程序的，不予受理。对于不予受理的事项，基层工会一般应当在接到投诉举报之日起五个工作日内告知实名投诉举报人，对情况、理由进行解释说明，并做好安抚、引导等工作。处理完毕后，将有关资料归档、结案。

▶▶ 工会如何开展日常劳动法律监督检查?

工会应当定期对用人单位遵守劳动法律法规、保障职工合法权益情况实施监督检查。在监督检查中发现用人单位有违反劳动法律法规行为的，应当及时依照有关程序处理。工会劳动法律监督检查的主要步骤如下：

（1）制定监督检查方案。监督检查方案主要内容一般包括监督检查的时间、内容、对象、方式和总体要求等。

（2）实施监督检查。监督检查应兼顾不同类型的用工单位，突出重点行业、重点企业、重点园区等重点检查对象。一般采用实地抽查方式进行，实地抽查时应随机抽取检查对象，一般采取听取汇报、查阅资料、走访座谈等形式。

（3）督促整改。监督检查中发现用人单位存在违反劳动法律法规问题的，应当及时代表职工与用人单位协商，提出整改意见，并督促落实。

（4）总结宣传。监督检查结束后，组织监督检查活动的工会劳动法律监督组织要形成监督报告，报本级工会。必要时，可以通过新闻媒体对监督检查情况进行宣传报道。

地方工会和基层工会开展劳动法律监督的方式有哪些？

工会监督方式的法律依据源于《工会法》第六条及《劳动法》第八十八条，其本质是《宪法》第三十五条结社权的制度延伸。针对实践中存在的程序效力不足、技术适配滞后等问题，工会监督方式遵循《工会劳动法律监督办法》第三条原则，形成以下法理逻辑：

一是分层协作机制。县级以上总工会依据《工会法》行使统筹职能，通过制定区域性监督规范实现宏观指导；基层工会依托《劳动合同法》第四条“规章制度共决权”，直接介入企业用工决策，形成“政策引导—实践干预”的双层架构，确保监督统一性与灵活性结合。

二是程序刚性保障。通过“一函两书”制度将监督程序法定化，以提示函实现柔性警示，监督意见书推动限期整改，处理建议书衔接行政执法程序。该机制赋予工会建议权以准公法效力，有利于破解“监督虚置”困境。

三是技术治理创新。依据《数据安全法》建立数字化监督平台，通过算法筛查超时加班等风险，强化《劳动法》第四十一条的实践刚性；同时将算法规则纳入审查范围（《互联网信息服务算法推荐管理规定》第十七条），防止技术异化侵害劳动者权益，实现传统劳动基准与数字治理的有机融合。

四是协同治理路径。基层工会通过职工代表大会收集监督线索，地方工会联合劳动监察部门开展联合检查，形成“民主监督—行政监管”闭环。此举落实了《陕西省工会劳动法律监督条例》第三条“协调配合”的要求，构建多元共治格局。

根据有关法律法规和工会工作实践，地方工会开展劳动法律监督的方式，主要有以下几种：

一是对用人单位开展劳动用工法律风险体检或劳动用工监督评估，特别是对劳动法律法规贯彻实施薄弱环节、重点地区、行业和企业、新就业形态劳动者用工单位等，以及具有改革调整任务和因经营状况可能需要对职工劳动关系、工作岗位、薪酬等做重大变更的企业进行重点体检评估，依法梳理相关规章制度，协助用人单位有效排查劳动关系矛盾风险隐患，及时发现和化解劳动关系矛盾苗头性、倾向性问题；

二是通过 12351 职工维权热线电话、工会媒体、网站等接受职工情况反映，经调查核实，由基层工会向用人单位提出意见建议、协商解决，协商无效的，提请相关执法部门查处；

三是县级以上工会参与人大、政协、政府组织的劳动法律法规政策执行情况的执法检查、委员视察、监督检查等活动；

四是定期单独开展或参加劳动保障监察等有关部门开展的劳动法律实施重点领域和薄弱环节综合或专项监督检查活动；

五是帮助、代理职工参加劳动争议仲裁、诉讼等。

此外，上级工会可以派员参加下级工会的劳动法律监督活动，也可以直接开展劳动法律监督活动。

基层工会开展劳动法律监督的方式主要有以下几种：

一是根据职工反映的情况，针对有关问题开展调查处理；

二是组织劳动法律监督员、职工和会员代表进行日常检查监督；

三是就劳动关系重大问题、重大风险隐患等及时向同级党委和上级工会报告。

实践中，各级工会在开展工会劳动法律监督工作过程中积极探索，积累了很多好的经验。如陕西、江苏、青海、四川、辽宁等地工会通过开展劳动用工法律风险体检和劳动用工监督评估等，对劳动法律贯彻实施薄弱环节进行重点排查和持续监督，协助企业有效排查风险隐患，依法梳理相关规章制度，促使企业规范用工。例如，江苏省江阴市总工会开展“百人千企”法律监督服务志愿行动，通过监督预防问题、发现问题、化解纠纷、总结经验，形成推动实施劳动法律法规、有效化解劳动争议、依法维护职工权益的闭环。南通市崇川区总工会创新开展“和谐劳动关系法律体检”建设，充分运用“361”工作法，即组织专家通过“坐堂问诊”“上门巡诊”“集中会诊”，“检”企业用工管理、生产安全、集体协商、困难帮扶、工会履职和技能提升，出具一份有专业性、针对性并可操作的法律意见书，替企业劳动用工把脉问诊“治未病”，着力提升企业用工法律体检的协同性、实效性、针对性和延展性。福建省以全省首个园区“劳动法务工作站”前置管理为抓手，构建专家、企业、职工、工会干部共同参与的“劳动关系健康管家”，为小微企业、新经济组织、灵活就业人员等提供全天候服务。同时注重及时采集市场主体基础信息、收集网格动态信息、整合共享相关部门数据资源，运用大数据综合分析企业用工变化，着眼行业风险点，常态化开展企业走访。

在协作联动和信息共享方面，上海市总工会将预防化解劳动关系矛盾、维护劳动领域政治安全作为社会治理体系现代化的重要组成部分，探索出“摸排体检清底数、协商民主依法度、多方联动强调处、应援尽援护权益、定向监督纠偏误、系统平台夯基础”的“六步工作法”，制定预防化解劳动关系矛盾“六步工作法”操作指南，有效预防化解劳动关系矛盾，为维护职工权益、确保职工队伍稳定和社会安宁作出了贡献。同时，上海市总工会还引入第三方对企业执行劳动法律法规、构建和谐劳动关系情况进行评估并定期公布评估结果。江苏省总工会与人社部门建立了企业违法情况信息共享制度，上海市工会推动实施将违法用工企业信息录入上海市公共信用信息服务平台工作机制，山东省威海市人社部门与工会交换共享用人单位劳动保障守法诚信等级评价结果，联合实施守信激励和失信惩戒，有效提升防范化解劳动关系矛盾的精准度和成功率。广州市南沙区人力资源和社会保障局联合南沙区总工会下发《关于加强用人单位实施特殊工时制监督的通知》，提出加强人社部门与工会的联动作用，强化工会对实行特殊工时制的用人单位的监督，建立全国首个工会加强特殊工时制监督机制。

第十八条 工会劳动法律监督委员会、工会劳动法律监督员发现用人单位违反劳动法律法规，侵害职工合法权益的线索应当登记，属于工会劳动法律监督范围的，自登记之日起三十日内完成调查。

工会劳动法律监督委员会、工会劳动法律监督员发现用人单位违反劳动法律法规，侵害职工合法权益，应当组织用人单位和职工进行协商，经协商解决不成的，由其所属工会向用人单位发出《工会劳动法律监督提示函》，根据需要也可以由该工会提请上一级工会发出《工会劳动法律监督提示函》，用人单位在收到《工会劳动法律监督提示函》之日起十日内应当作出书面说明。

经《工会劳动法律监督提示函》提示或者协商无效的，由其所属工会向用人单位发出《工会劳动法律监督意见书》，根据需要也可以由该工会提请上一级工会向用人单位发出《工会劳动法律监督意见书》。

用人单位收到或者应当收到《工会劳动法律监督意见书》之日起三十日内，应当作出书面答复。未在规定期限内答复或者无正当理由拒不改正的，由县级以上总工会向同级人力资源社会保障部门等相关部门发出《工会劳动法律监督建议书》，并移交相关资料。

县级以上总工会就本行政区域劳动领域存在的普遍性问题或者可能存在的风险，可以发布《工会劳动法律监督提示函》。

条文释义

本条是关于工会劳动法律监督程序及文书运用的具体规定，明确对用人单位违法行为的处理流程，并赋予县级以上总工会通过提示函介入普遍性劳动风险的权利。

学习问答

▶▶ 什么是工会劳动法律监督“一函两书”制度？

“一函两书”制度以《工会法》第二十三条与《劳动法》第八十八条为实体法基础，构建“调查—协商—文书递进”的阶梯式监督程序。工会发现违法线索后须30日内完成调查，通过协商前置程序（《劳动合同法》第六条）化解争议，协商无果则依次发出提示函、意见书、建议书，形成“警示—整改—行政介入”的效力升级链条，将社会监督权转化为具有准公法效力的治理工具。

该制度的本质是工会监督权的程序化再造，以《宪法》结社权为根基，通过“社会监督—行政协同”机制填补监管缝隙，推动劳动关系治理从被动救济转向源头预防，彰显共建共治共享的法治价值。

工会劳动法律监督“一函两书”制度是工会及相关单位为提醒用人单位落实好劳动法律法规，或纠正其劳动违法行为而使用相关文书的制度。“一函”指的是工会劳动法律监督提示函，“两书”指的是工会劳动法律监督意见书和工会劳动法律监督建议书。“一函两书”制度重在源头预防，目的是通过协调协商的方式将劳动关系矛盾纠纷化解在基层，化解在萌芽状态。

《陕西省工会劳动法律监督条例》第十八条规定：工会劳动法律监督委员会、工会劳动法律监督员发现用人单位违反劳动法律法规，侵害职工合法权益的线索应当登记，属于工会劳动法律监督范围的，自登记之日起三十日内完成调查。

工会劳动法律监督委员会、工会劳动法律监督员发现用人单位违反劳动法律法规，侵害职工合法权益，应当组织用人单位和职工进行协商，经协商解决不成的，由其所属工会向用人单位发出《工会劳动法律监督提示函》，根据需要也可以由该工会提请上一级工会发出《工会劳动法律监督提示函》，用人单位在收到《工会劳动法律监督提示函》之日起十日内应当作出书面说明。

经《工会劳动法律监督提示函》提示或者协商无效的，由其所属工会向用人单位发出《工会劳动法律监督意见书》，根据需要也可以由该工会提请上一级工会向用人单位发出《工会劳动法律监督意见书》。

用人单位收到或者应当收到《工会劳动法律监督意见书》之日起三十日内，应当作出书面答复。未在规定期限内答复或者无正当理由拒不改正的，由县级以上总工会向同级人力资源社会保障部门等相关部门发出《工会劳动法律监督建议书》，并移交相关资料。

县级以上总工会就本行政区域劳动领域存在的普遍性问题或者可能存在的风险，可以发布《工会劳动法律监督提示函》。

《陕西省工会劳动法律监督条例》第十九条规定：县级以上人力资源社会保障等相关部门收到《工会劳动法律监督建议书》，经审查符合立案条件的，按照有关规定予以处理。

县级以上人力资源社会保障等相关部门应当在结案后十个工作日内将调查情况和处理结果书面告知同级工会。

▶▶ 如何规范使用“一函两书”?

规范使用“一函两书”需以《工会法》第二十三条监督权与《劳动法》第八十八条职责为法理根基，严格遵循程序法定原则。其递进式流程设计（提示函→意见书→建议书）体现了《工会劳动法律监督办法》第二十七条的程序正义要求，通过“30 日调查—10 日说明—30 日整改”的期限设定，确保监督行为的时效性与可预期性。文书效力衔接《劳动保障监察条例》第十条，将工会监督结论转化为行政查处依据，实现社会权利与公权力的协同。针对普遍性风险发布的行业提示函，需结合《数据安全法》《互联网信息服务算法推荐管理规定》等技术治理规范，确保监督范围从个案向系统性风险延伸。制度运行须坚守《宪法》第三十五条结社权的民主内核，通过标准化培训与跨部门协作机制（如组建联合监督组），平衡监督刚性与企业自主权，最终实现劳动关系治理从被动救济到源头预防的范式转型。

用人单位违反劳动法律法规、侵害职工合法权益，经协商沟通解决不成的，由基层工会或工会劳动法律监督组织向用人单位发出《工会劳动法律监督提示函》。县级以上地方总工会可以就本区域具有普遍性的问题，公开发布《工会劳动法律监督提示函》。经《工会劳动法律监督提示函》提示或沟通无效的，根据实际情况，由县级以上地方总工会向用人单位发出《工会劳动法律监督意见书》，也可以由基层工会或工会劳动法律监督组织向用人单位发出《工会劳动法律监督意见书》。用人单位收到《工会劳动法律监督意见书》后，应在30个工作日内作出书面答复。用人单位未在规定期限内答复，或者无正当理由拒不改正的，由基层工会或工会劳动法律监督组织提请县级以上地方总工会向同级人民政府有关执法部门发出《工会劳动法律监督建议书》，并提供相关材料。

▶▶ 工会如何开展劳动法律监督？

工会开展劳动法律监督的核心路径是以“一函两书”制度为程序框架，构建阶梯式、协同化的治理体系。依托《工会法》第六条和《劳动法》第八十八条赋予的监督权，形成“警示—整改—惩戒”的递进机制：基层工会发现违法线索后，通过提示函要求企业 10 日内书面说明，协商无效时升级为意见书，责令其 30 日内整改；对拒不履行的企业，由县级以上总工会向人社部门提交建议书，触发行政执法，实现社会监督与行政强制的效力衔接。例如，四川夹江县通过该程序为 480 名职工追回社保欠费，彰显程序刚性。

监督实践深度融合跨部门协作与数字化技术，形成系统性治理格局。工会与法院、人力资源社会保障等部门建立联席会议制度，推动“工会调解—行政查处—司法救济”的协同闭环。

组织能力建设是监督效能的基础保障。基层工会通过设立劳动法律监督委员会、配备专职监督员构建网格化监督网络，通过实施分级培训提升专业素养。县级以上总工会通过购买法律服务、引入第三方专家强化复杂案件研判能力，确保《劳动合同法》等法律法规精准适用。

制度创新聚焦风险预防与源头治理，推动治理范式转型。针对快递、外卖等行业的普遍性风险，工会发布行业性提示函，推动系统性整改，同时通过“劳动用工法律体检”协助企业完善规章制度，将监督节点前移至规则制定阶段。

工会劳动法律监督的调查结果如何运用？

经调查，未发现用人单位存在违反劳动法律法规、损害职工合法权益情形的，应当及时终止调查。有投诉举报人的，应当及时通知投诉举报人调查结果。

经调查，认为用人单位存在违反劳动法律法规行为的，应当及时代表职工与用人单位进行沟通和协商，明确处理意见，督促用人单位整改。发现用人单位确实存在违反劳动法律法规、职工合法权益受到损害的情形，情节较为严重的，可以向用人单位发出《工会劳动法律监督意见书》。

工会应当对用人单位的整改情况进行跟踪督查。用人单位及时回复并整改到位的，将有关资料归档、结案。用人单位未整改、未回复的，县级以上地方总工会可以向同级政府人力资源和社会保障等有关部门发出《工会劳动法律监督建议书》，县级以上地方总工会应当及时跟踪处理结果，与有关部门共同推动用人单位整改落实到位。

第十九条　县级以上人力资源社会保障等相关部门收到《工会劳动法律监督建议书》，经审查符合立案条件的，按照有关规定予以处理。

县级以上人力资源社会保障等相关部门应当在结案后十个工作日内将调查情况和处理结果书面告知同级工会。

条文释义

本条是关于人力资源社会保障等相关部门对《工会劳动法律监督建议书》的受理及反馈程序的规定。

学习问答

▶▶ “一函两书”在工会劳动法律监督实践中的作用是如何体现的?

近年来,“一函两书”已经成为工会开展劳动法律监督的一种有效形式,是充分发挥工会群众监督优势和劳动保障监察行政监督优势的有效载体。

实例一:陕西省总工会劳动法律监督委员会把握重点时段,在特定时间、针对不特定监督对象发出《工会劳动法律监督提示函》,提醒用人单位遵守劳动法律法规,保障职工合法权益。先后就保障农民工工资支付、规范用工、集体协商、高温保护、依法参加社会保险等事项,向全省用人单位发出有关提示函,提醒用人单位落实有关法律法规,推动构建和谐劳动关系。

实例二:江苏省徐州市丰县某玻璃公司职工杨某等8名农民工到丰县总工会反映其所在公司已连续4个月未发放职工工资,连续5个月未发放职工加班费,请求帮助解决。接到情况反映后,丰县总工会迅速指派3名劳动法律监督人员到企业开展现场调查。监督人员首先查阅并复印了企业的职工花名册、职工考勤记录和工资单,又找到正在车间工作的5名职工进行谈话,并如实记录形成笔录,确认杨某等8人是该企业的在职职工，其反映的问题确实存在。监督人员立刻联系该企业负责人王某，并向企业发出了《工会劳动法律监督询问通知书》。经询问，王某对职工反映的问题和监督人员收集的证据予以认可，但强调造成这次拖欠工资的原因是货款被客户拖欠过多，企业生产资金周转困难，并承诺月底前货款一到就马上补发工人工资。监督人员将情况如实向县总工会进行报告，同时给企业负责人讲解有关法律法规，并告知拖欠农民工工资的严重后果，督促其尽快将工资支付到位。但是约定的时间到了，企业仍称货款未要到，没有资金发放职工工资，职工情绪开始不稳定。县总工会根据调查情况和监督人员的建议，当即向该企业发出《工会劳动法律监督意见书》，要求企业在15个工作日内研究并作出处理意见。意见书发出后，县总工会多次督促企业抓紧落实整改，同时向职工说明企业情况，引导职工理性、耐心对待。最终在半个月后，该公司筹措资金一次性补发了拖欠42名职工的工资和加班费。

实例三：河南省新乡市总工会联合市中级人民法院、市人力资源社会保障局、市发展改革委等部门建立“三书一公布”制度（《劳动者权益保护意见书》《劳动法律监督告知书》《劳动法律监督建议书》和社会公布制度），构建了以劳动法律监督、劳动争议调解、劳动法律援助为主要内容的“三位一体”法律维权体系，从源头化解劳动纠纷，大大提高了职工群众的满意度。

第二十条 工会劳动法律监督委员会、工会劳动法律监督员对用人单位违反劳动法律法规，侵犯职工合法权益的行为进行调查时，应当充分听取用人单位和职工的意见，查阅、复制有关资料，核查事实，如实记录，用人单位和职工应当予以配合。

条文释义

本条是关于工会劳动法律监督组织调查用人单位违法行为时的程序性规定。

学习问答

▶▶ 用人单位收到“一函两书”后拒不改正应承担什么后果？

用人单位收到“一函两书”后拒不改正的法律后果根植于工会监督权的准公法属性。工会依据《宪法》第三十五条结社权及《劳动法》第八十八条监督职责，通过“提示函—意见书—建议书”的递进程序，将社会监督权转化为具有强制效力的治理工具。其法理逻辑体现为程序衔接的正当性：意见书规定的30日整改期限设定符合《行政程序法》的效率要求，而建议书触发《劳动保障监察条例》第十条的行政查处权，实现社会权利与公权力的协同共治。技术治理层面，大数据筛查与算法审查（如浙江工会成立算法伦理委员会）确保监督结论的客观性，避免自由裁量权滥用。制度创新在于构建“社会力量制衡”的第三极：工会监督权与行政权、司法权形成制衡，通过行业性提示函将治理节点前移至风险萌芽阶段，延伸适用《民法典》权利禁止滥用原则。这种“权利—权力”协同机制既能够维护《宪法》结社权的民主内核，又以程序刚性保障监督实效，推动劳动关系治理从被动救济向主动预防的范式转型。

用人单位无正当理由未在规定期限内答复，或者无正当理由拒不改正的，地方总工会向同级政府执法部门发出《工会劳动法律监督建议书》，可同时抄送同级检察机关，并移送相关线索材料，由检察机关依法开展法律监督，支持工会代表劳动者提出的权益维护诉求。县级以上总工会可商请同级检察机关派员提前介入办理劳动者权益维护相关工作，推动依法解决社保欠缴、农民工工资拖欠等问题，加强对损害国家利益或者社会公共利益、严重损害劳动者合法权益、造成重大社会影响等违法行为的监督。对于某地区一定时期内违法用工案件多发、频发，或者已发生的案件暴露出明显的劳动用工管理监督漏洞，需要督促行业主管部门加强和改进管理监督工作的；或政府执法部门不依法及时履行职责，致使劳动者合法权益受到损害或者存在损害危险，需要及时整改消除等情形，检察机关可以向有关单位和部门提出检察建议。

第二十一条　工会劳动法律监督工作所需经费应当纳入本级工会经费预算。

县级以上总工会可以结合实际，按照有关规定建立非公有制企业工会劳动法律监督员配套补助制度。

条文释义

本条是关于工会劳动法律监督工作经费保障机制的规定。

学习问答

▶▶ 地方工会是否可以建立工会劳动法律监督员配套补助制度?

地方工会建立工会劳动法律监督员配套补助制度的合法性源于《工会法》第四十三条关于工会经费使用的授权性规定，明确工会经费可用于"为职工服务和工会活动"。《陕西省工会劳动法律监督条例》进一步细化制度框架，授权县级以上总工会对非公企业工会劳动法律监督员发放补助，其法理逻辑在于通过经济补偿机制平衡监督员履职成本与企业用工自主权的冲突，既保障《宪法》第三十五条结社权的实质性实现，又遵循《劳动法》第七条第二款"工会代表和维护劳动者的合法权益"的立法本旨。补助制度的运行需遵循工会经费独立管理原则，确保资金使用符合《基层工会经费收支管理办法》的合规性要求，如陕西省规定补助标准不得超过当地最低工资的20%，防止福利化倾向。该制度本质上是通过经济激励机制破解非公企业工会"不敢监督、不愿监督"的实践困境，建立"上级工会经费补助机制"，形成"财政拨付 + 会费统筹 + 专项补助"的多维保障体系，既强化工会组织对非公领域劳动关系的渗透力，又以差异化补助标准（如西安市按监督案件数量分级补贴）实现监督资源配置的实质公平，最终构建公有制与非公有制经济平等保护的法治化监督格局。

建立配套补助制度是保障工会劳动法律监督工作顺利开展和激发广大工会劳动法律监督员工作积极性的重要举措。上海、福建等地方工会先行先试，对补贴范围、补贴对象、补贴标准、补贴管理作出具体规定，激发了工会劳动法律监督员的工作热情，取得良好效果。

《上海工会劳动法律监督办案补贴办法（试行）》规定下列工会劳动法律监督员经培训考核合格，持有工会劳动法律监督证件，在接受工会指派实施工会劳动法律监督后，可申请办案补贴：（1）市、区局（产业）工会不具有公务员、事业编制身份的工作人员；（2）为工会提供法律监督服务的社会律师；（3）受指派办理劳动法律监督案件的劳动关系协调员、劳动监察协管员、社会化工作者。同时规定“本市工会劳动法律监督案件的办案补贴，纳入市总工会劳动关系工作部工会劳动法律监督工作预算管理”。

《福建省工会劳动法律监督条例》第十七条第一款规定：“工会应当将实施工会劳动法律监督所需的各项经费依法纳入本级工会预算，给予基层工会劳动法律监督员适当补助。”

《内蒙古自治区工会劳动法律监督条例》第三十一条第二款规定：“基层工会可以给予工会劳动法律监督员适当工作补助；根据劳动法律监督成效，给予工会劳动法律监督员表彰和奖励。”

考虑到地方工会劳动法律监督员从事劳动法律监督属本职工作，不宜额外发放补助，参考地方工会有关实践做法，为提高非公有制企业工会劳动法律监督员工作积极性，《工会劳动法律监督办法》第二十九条规定：“地方工会可以结合实际，建立非公有制企业工会劳动法律监督员配套补助制度。”

第二十二条 用人单位应当保障本单位工会劳动法律监督员依法履行职责所需要的必要条件。

用人单位不得对依法履行职责的工会劳动法律监督员打击报复，无正当理由不得以调整工作岗位、降低职级、免除职务、扣减工资福利、解除劳动关系等方式，减损其合法权益。

条文释义

本条是关于用人单位保障工会劳动法律监督员履职必要条件及禁止打击报复的规定。

学习问答

▶▶ 用人单位拒绝配合工会劳动法律监督员调查应承担哪些法律责任?

用人单位拒绝配合工会监督调查应承担的法律责任，根植于《工会法》第五十四条的禁止性规定及《劳动法》第一百零五条的责任条款。根据《陕西省劳动监察条例》第三十五条，用人单位阻挠监督员履职的，除由人社部门责令限期改正外，可并处 2000 元以上 2 万元以下罚款。其法理逻辑在于工会监督权是《宪法》第三十五条结社权的延伸，用人单位配合义务属于《劳动法》守法义务的必然要求，阻挠行为实质侵犯劳动者集体监督权。

法律责任的层级化设计体现了过罚相当原则。对一般性拒绝，适用《劳动合同法》第八十条的行政处罚；对打击报复监督员的，除依照《工会法》第五十二条追究民事赔偿责任外，可依据《刑法》第二百五十四条追究刑事责任。

制度运行中，陕西省榆林市建立“工会＋信用”联合惩戒机制。如榆林市某煤矿企业因多次阻挠监督员调查，被工会提请列入失信名单后，银行贷款额度缩减 40%，法定代表人被限制高消费。此类实践通过《陕西省社会信用条例》第三十七条的信用信息共享机制，将工会监督结果嵌入跨部门治理网络，实现从单一行政处罚到多元共治的责任升级。

我国工会的基本职责是维护职工合法权益、竭诚服务职工群众。依法开展劳动法律监督是工会维护职工群众合法权益的重要途径。调查取证是法律赋予工会的职责和权利，是工会深入全面了解用人单位遵守执行劳动法律法规情况的必要手段。

《工会法》第二十六条规定：“工会有权对企业、事业单位、社会组织侵犯职工合法权益的问题进行调查，有关单位应当予以协助。”实践中，很多用人单位法治意识淡薄，抵触或拒绝配合调查，拒不提供有关材料，甚至伪造、隐匿、销毁有关证据。

依法追究用人单位拒绝配合工会劳动法律监督员调查的法律责任是工会劳动法律监督工作取得实效的重要保障，有利于促进劳动法律法规的贯彻实施。《工会法》第五十四条规定，妨碍工会参加职工因工伤亡事故以及其他侵犯职工合法权益问题的调查处理的，由县级以上人民政府责令改正，依法处理。各地已制定出台的工会劳动法律监督条例对用人单位拒绝配合工会劳动法律监督员调查的法律责任同样有明确规定。如《福建省工会劳动法律监督条例》第二十七条规定："用人单位伪造、隐匿、毁灭或者拒绝提供资料的，由人力资源和社会保障部门责令限期改正；逾期不改正的，由人力资源和社会保障部门对其处以二千元以上二万元以下罚款。"

第二十三条 县级以上人民政府按照国家和本省有关规定对开展工会劳动法律监督、构建和谐劳动关系工作中成绩显著的单位和个人给予表彰和奖励。

条文释义

本条是关于用人单位保障工会劳动法律监督员履职条件及表彰奖励的规定。

学习问答

▶▶ 对开展工会劳动法律监督、构建和谐劳动关系工作中成绩显著的单位和个人有何奖励措施？

在工会劳动法律监督和构建和谐劳动关系工作中，对成绩显著的单位和个人，国家及地方政府制定了多层次、多维度的奖励措施。

国家层面，人力资源社会保障部、全国总工会等四部门联合印发的《全国和谐劳动关系创建工作先进集体和先进个人表彰办法》规定，对在工会劳动法律监督和构建和谐劳动关系工作中表现突出的先进集体授予“全国和谐劳动关系创建工作先进集体”称号，对在劳动关系协调、权益维护中作出突出贡献的个人授予“全国和谐劳动关系创建工作先进个人”称号。

地方层面，陕西省人力资源和社会保障厅、陕西省总工会等部门联合印发《陕西省推进新时代和谐劳动关系创建活动工作方案》，同时制定《陕西省和谐劳动关系创建示范企业评价标准》和《陕西省和谐劳动关系创建示范工业园区评价标准》。

外省做法中，辽宁省人力资源和社会保障厅、辽宁省总工会等部门联合下发《关于对辽宁省 AAA 级模范劳动关系和谐企业实施联合正向激励措施的意见》，对 AAA 级模范劳动关系和谐企业实施 20 条联合激励政策，覆盖财税、服务、信用、行政减免、评优评先等五大领域。财税政策激励方面，实施财政性资金项目安排时优先考虑，税务机关提供绿色通道并建立重点联系制度；深化服务政策激励方面，由人力资源社会保障、生态环境、住房城乡建设、工会等部门推送用工人才需求、环境影响评价审批、住房公积金业务办理、组织一线职工活动等经办业务服务；信用政策激励方面，通过全国信用平台公告模范劳动关系和谐企业名单，记入省级地方征信平台，作为银行授信融资的重要参考条件，加大信贷支持，适当降低利率，经审批实行特殊工时工作制的，许可有效期可延长至两年或三年；行政检查减免政策激励方面，在社会保险缴费情况检查、劳动保障主动监察、重点监管领域外的市场监管领域，不同程度减少行政检查频次；评优评先政策激励方面，在推荐评选文明单位、劳动模范、青年文明号、优秀企业家等评优评先活动中予以优先考虑。

汕头市通过印发《关于对劳动关系和谐企业加强正向激励的实施意见》，对劳动关系和谐企业实施"认定—培育—激励"全链条支持措施。包括对劳动关系和谐企业给予宣传推广；优先落实就业创业扶持政策，为符合申请条件的劳动关系和谐企业提供创业担保贷款，按 2% 年利率适当予以贴息；优先办理集体合同备案；免予劳动保障主动监察；优先安排参加人社部门组织的活动等。积极为劳动关系和谐企业的人才开展高层次人才认定，享受子女入学、配偶就业推荐、出入境等服务。

第二十四条　用人单位违反本条例规定，有下列行为之一的，县级以上总工会提请同级人民政府或者有关部门依法予以处理：

（一）拒绝或者阻挠工会劳动法律监督的；

（二）无正当理由拒绝向工会及其劳动法律监督委员会或者

工会劳动法律监督员提供相关资料的；

（三）提供虚假资料或者隐匿、毁灭资料的；

（四）对依法履行职责的工会劳动法律监督员打击报复的。

条文释义

本条是关于用人单位妨碍工会劳动法律监督的违法行为处理机制的规定。

学习问答

▶▶ 用人单位打击报复依法履职的工会劳动法律监督员应承担哪些法律责任？

用人单位打击报复依法履职的工会劳动法律监督员，需承担多维度法律责任。依据《陕西省工会劳动法律监督条例》第二十四条，县级以上总工会可提请同级人民政府或有关部门对涉事企业予以行政处罚。具体处罚措施包括责令限期改正、处以2000元至2万元罚款，并将违法行为记入社会信用档案向社会公示等。若打击报复行为涉及调整岗位、降薪或解除劳动关系，用人单位需依《劳动合同法》第四十八条支付双倍赔偿，并依据《工会法》第五十三条补发工资或支付年收入二倍赔偿。情节严重构成犯罪的（如人身伤害或诽谤），公安机关可依《刑法》第二百五十四条追究刑事责任。

该责任体系以《宪法》第三十五条结社权为法理根基，工会监督权作为劳动者集体意志的延伸，用人单位阻挠行为实质侵害了《劳动法》第八条的集体监督权。《陕西省工会劳动法律监督条例》通过“行政处罚—信用惩戒—刑事追责”的梯度设计，将《民法典》权利禁止滥用原则嵌入劳动关系治理，既体现了《行政程序法》过罚相当的要求，又通过跨部门信用共享机制（如榆林市案例中企业贷款额度缩减40%）强化制度威慑力，实现工会监督权与公共治理体系的有机衔接。

依法开展劳动法律监督是工会维护职工群众合法权益的重要手段。工会干部和工会劳动法律监督员在开展劳动法律监督、依法维护职工合法权益时，可能与用人单位发生矛盾，受到用人单位的打击报复。例如，用人单位可能以各种理由解除工会劳动法律监督员的劳动合同，或者将其调离原工作岗位，降低其工资待遇等。有的用人单位甚至对依法履职的工会劳动法律监督员进行侮辱、诽谤、殴打或者故意伤害。

对此，按照《工会法》等法律法规的相关规定，用人单位需承担相应的法律责任。对于同时担任用人单位工会主席、副主席的工会劳动法律监督员，《工会法》第十八条第一款规定：“工会主席、副主席任期未满时，不得随意调动其工作。因工作需要调动时，应当征得本级工会委员会和上一级工会的同意。”对于身为工会工作人员的劳动法律监督员，《工会法》第五十二条规定：“违反本法规定，对依法履行职责的工会工作人员无正当理由调动工作岗位，进行打击报复的，由劳动行政部门责令改正、恢复原工作；造成损失的，给予赔偿。对依法履行职责的工会工作人员进行侮辱、诽谤或者进行人身伤害，构成犯罪的，依法追究刑事责任；尚未构成犯罪的，由公安机关依照治安管理处罚法的规定处罚。”依照《工会法》第五十三条的规定，工会工作人员因履行《工会法》规定的职责而被解除劳动合同的，由劳动行政部门责令恢复其工作，并补发被解除劳动合同期间应得的报酬，或者责令给予本人年收入二倍的赔偿。

陕西、广东、江苏、云南、浙江、江西、福建、河北、安徽、天津、内蒙古、山东等地的《工会劳动法律监督条例》均注重保障工会劳动法律监督员依法履职的权益，明确规定用人单位打击报复依法履职的工会劳动法律监督员应当承担的法律责任。如《河北省工会劳动法律监督条例》第三十条规定：“用人单位应当提供必要条件，保障工会劳动法律监督委员会委员、工会劳动法律监督员依法履行监督职责，不得通过无正当理由调动工作岗位、扣减工资福利、降低职级、免除职务、解除劳动合同等方式进行打击报复。”第三十三条规定：“用人单位违反本条例第三十条规定，对依法履行职责的工会劳动法律监督委员会委员、工会劳动法律监督员进行打击报复的，由县级以上人民政府人力资源和社会保障部门责令改正；造成损失的，依法承担赔偿责任。对依法履行职责的工会劳动法律监督委员会委员、工会劳动法律监督员进行侮辱、诽谤、殴打或者故意伤害的，由公安机关依照《中华人民共和国治安管理处罚法》的规定处罚；构成犯罪的，依法追究刑事责任。”

第二十五条 工会劳动法律监督员不履行或者不按照规定履行职责的，由同级工会责令改正；造成损害后果的，依法承担相应的法律责任。

条文释义

本条是关于工会劳动法律监督员履职责任的约束性规定。

学习问答

▶▶ 工会劳动法律监督员未履行职责或未按规定履行职责可能会面临哪些后果?

工会劳动法律监督员不履行或不按照规定履行职责可能会面临以下后果:

（1）责令改正。同级工会有权责令其改正，要求其按照规定履行监督职责，确保工作正常开展;

（2）如果因未履行职责或履职不当造成损害后果，例如，劳动者权益受损或劳动关系纠纷扩大化，该监督员需依法承担相应的法律责任，可能包括民事赔偿或其他法律责任;

（3）在严重情况下未履行职责的监督员可能会受到纪律处分，如警告、记过甚至撤职等，具体处分措施依据相关法律法规和内部规章制度执行。

在全国范围内，多地针对工会劳动法律监督员履职问题采取了具体举措，以确保其依法依规履行职责，切实维护劳动者权益。例如，浙江省通过建立“双随机、一公开”机制定期对工会劳动法律监督员的履职情况进行抽查并将结果向社会公开，增强透明度和问责力度；广东省推行“履职清单”制度，明确每位监督员的具体职责和工作要求，并通过定期考核评估其履职表现，对不合格者进行培训或调整岗位；北京市设立了专门的投诉举报渠道，劳动者可以直接反映监督员的失职行为，相关部门会及时调查处理，并对责任人进行追责；江苏省通过开展“履职能力提升”培训项目帮助监督员提高专业水平和责任意识，减少因能力不足导致的履职问题。这些举措不仅强化了工会劳动法律监督员的履职责任，也为全国其他地区提供了可借鉴的经验，共同推动劳动关系和谐发展。

第二十六条　违反本条例规定的行为，法律、法规已有法律责任规定的，从其规定。

条文释义

本条属于法律责任的衔接性规定。

学习问答

▶▶ 检察机关与工会协同推进运用“一函两书”制度的背景意义是什么？

检察机关与工会协同推进运用“一函两书”制度的背景意义，源于劳动关系治理法治化转型的迫切需求。随着新业态、平台经济等新型劳动关系涌现，传统劳动监察与工会监督的单一模式难以应对算法歧视、弹性工时滥用等隐蔽性侵权问题。最高检与全国总工会联合发布的《关于协同推进运用“一函两书”制度保障劳动者权益工作的通知》明确指出，需通过“社会监督 + 法律监督”协同机制填补治理缝隙，将新时代“枫桥经验”中“预防在前、调解优先”的理念融入劳动关系治理。例如，陕西省明确“一函两书”制度的法律地位，规定县级以上总工会可向人社部门移交建议书，触发行政执法，并通过信用惩戒机制将违法企业纳入黑名单（如榆林市某煤矿企业因多次阻挠监督被限制贷款额度）。这种协同机制既强化了工会监督的刚性效力，又通过检察机关的法律监督职能（如支持起诉、公益诉讼）形成司法兜底保障，实现“柔性协商—刚性执法”的闭环。

2024 年 2 月 7 日，最高检和全国总工会联合印发《关于协同推进运用“一函两书”制度保障劳动者权益工作的通知》（以下简称《通知》）。该通知是为深入贯彻落实党的二十大精神和习近平总书记在同全国总工会新一届领导班子成员集体谈话时的重要讲话精神，牢牢把握新时代“枫桥经验”的科学内涵和实践要求，充分发挥检察机关与工会在维护劳动者合法权益、构建和谐劳动关系中的协同作用，有效预防和化解劳动领域矛盾纠纷，及时纠正用工违法行为，特别是推动根治欠薪、违法安排超时加班等社会关注问题，切实维护好劳动者的合法权益的有益探索和尝试。

2024 年 5 月 28 日，陕西省总工会与省人民检察院联合印发《关于协同推进运用“一函两书”制度保障劳动者权益工作的实施细则》（以下简称《实施细则》）。《实施细则》按照《通知》要求，主要目标是发挥检察机关法律监督职能优势和工会在发现、排查劳动领域风险隐患中的第一道防线作用，立足预防、立足调解、立足法治、立足基层，落实新时代“枫桥经验”关于预防在前、调解优先、运用法治、就地解决矛盾纠纷等要求，凝聚工作合力，进一步提高检察机关与工会的协作配合质效，健全工作机制，推动劳动法律法规贯彻执行，保障劳动者合法权益，推动构建和谐劳动关系，促进社会和谐稳定。《实施细则》以坚持源头参与、深化协同协作、创新监督模式、探索数智监督为基本原则，明确“一函两书”制度基本内涵和适用范围，建立检察监督与“一函两书”衔接协作工作机制，内容包含事前监督、风险提示、刑事检察、民事检察、行政检察、公益诉讼等 12 个方面，同时提出加强组织领导、落实目标责任、加强沟通协作、建立工作台账、加强宣传激励、强化数智建设的工作要求。

▶▶ 检察机关与工会协同推进运用“一函两书”制度的主要目标是什么？

发挥检察机关法律监督职能优势和工会在发现、排查劳动领域风险隐患中的第一道防线作用，立足预防、立足调解、立足法治、立足基层，落实新时代“枫桥经验”关于预防在前、调解优先、运用法治、就地解决矛盾纠纷等要求，凝聚工作合力，进一步提高检察机关与工会的协作配合质效，健全工作机制，推动劳动法律法规贯彻执行，保障劳动者合法权益，推动构建和谐劳动关系，促进社会和谐稳定。

▶▶ 检察机关和工会是如何加强事前监督和风险提示的？

工会劳动法律监督委员会认为用人单位可能违反或者出现违反有关劳动法律法规情况时，可以给予口头提示，进行沟通协商；必要时，发出《工会劳动法律监督提示函》。

检察机关可就发现或掌握的劳动用工违法线索与工会及时会商，推动问题解决。工会在“两节”等重要时间节点，聚焦治理欠薪、违法安排超时加班等重点问题，可面向本地区相关用人单位公开发布《工会劳动法律监督提示函》。

各级检察机关可结合法律监督职能，就办案中发现的重点问题面向本地区发布相应法律风险提示或合规倡议，提醒、警示企业遵守相关劳动法律法规，推动企业依法合规健康发展。

检察机关在办理刑事、民事、行政、公益诉讼案件，发现用人单位劳动用工违法线索时，可以与工会及时会商，推动问题及时解决。检察机关在办案中发现的具有一定代表性的劳动用工违法重点问题，可以面向本地区发布相应法律风险提示或合规倡议，提醒、警示企业遵守相关劳动法律法规，推动企业依法合规健康发展。

▶▶ 检察机关和工会如何协同协作保护劳动者权益？

按照“一函两书”制度要求，若用人单位存在违反劳动法律法规、侵害职工合法权益行为，经提示、协商无效的，由该用人单位所在地县级以上总工会向用人单位发出《工会劳动法律监督意见书》，提出改正意见。涉及新就业形态劳动者和女性、未成年、残疾、老年劳动者等重点群体权益，或者涉及社保欠缴、拖欠农民工工资等群体性纠纷且用人单位不予配合的，县级以上总工会可同时将《工会劳动法律监督意见书》抄送同级检察机关，并移送相关线索材料，由检察机关依法启动法律监督程序。各级工会应当积极配合检察机关开展办案工作，通过个案办理推动类案监督，促进综合治理，共同维护劳动者合法权益。检察机关在办理涉及劳动者权益保护的案件时，可以将相关法律文书抄送同级地方总工会，协同协作推进案件办理。

▶▶ 最高检和全国总工会关于协同推进运用“一函两书”制度保障劳动者权益工作的要求是什么？

最高检和全国总工会关于协同推进运用“一函两书”制度保障劳动者权益工作有以下要求：

（1）加强组织领导。各级检察机关、工会要进一步提高认识，深入贯彻落实习近平法治思想，深刻领会党的二十大精神，以全面推行“一函两书”制度为抓手，立足工作实际，加强协作配合，形成上下联动、层层推进的工作格局，切实维护好劳动者合法权益，推动构建和谐劳动关系，服务经济高质量发展。

（2）落实目标责任。各级检察机关、工会应切实加强领导，主动组织实施，积极开展工作。定期进行分析，认真总结经验，及时发现问题，并将有关情况报各自上级主管单位。必要时，各级检察机关与工会可联合组织开展劳动法律监督专项执法检查行动。最高检与全国总工会每年对“一函两书”实施情况进行总结和通报，联合评选典型案例、优秀文书并宣传推广。各级工会要建立“一函两书”工作台账，工会发出的提示函、意见书、建议书应当一式两份，做好档案管理。

（3）加强沟通协作。各级工会要紧密结合自身职责，主动加强与当地检察机关及政府各相关部门的沟通协作，切实发挥好各方面积极性，形成合力，协调推进。各级检察机关、工会要坚持上下联动，加强业务交流，对落实中存在的问题及时研究、协调解决，有计划、有步骤地全面推行“一函两书”制度。按照重心下移、监督力量下沉要求，加强基层检察院和基层工会运用“一函两书”制度规范化建设。有条件的地方工会可先行先试，探索建立“一函两书”数据库，打通数据壁垒，让数据为劳动法律监督工作赋能。各省级检察机关、总工会可以依据本意见，结合本地区实际制定实施细则。

▶▶ 陕西省建立的检察监督与“一函两书”衔接协作工作机制的主要内容有哪些？

陕西省建立的检察监督与“一函两书”衔接协作工作机制主要包括以下内容：

（1）事前监督。工会劳动法律监督委员会认为用人单位可能违反或者出现违反有关劳动法律法规情况时，可以给予口头提示，进行沟通协商；必要时，发出《工会劳动法律监督提示函》。检察机关可就发现或掌握的劳动用工违法线索与工会及时会商，推动问题解决。工会在“两节”等重要时间节点，聚焦根治欠薪、违法安排超时加班等重点问题，可面向本地区相关用人单位公开发布《工会劳动法律监督提示函》。各级检察机关可结合法律监督职能，就办案中发现的重点问题面向本地区发布相应法律风险提示或合规倡议，提醒、警示企业遵守相关劳动法律法规，推动企业依法合规健康发展。

（2）风险提示。检察机关在办理刑事、民事、行政、公益诉讼案件时，发现用人单位劳动用工违法线索时，可以与工会及时会商，推动问题及时解决。检察机关在办案中发现的具有一定代表性的劳动用工违法重点问题，可以面向本地区发布相应法律风险提示或合规倡议，提醒、警示企业遵守相关劳动法律法规，推动企业依法合规健康发展。

（3）向违法用人单位发出意见书。当用人单位存在违反劳动法律法规、侵害职工合法权益行为时，经提示、协商无效的，由该用人单位所在地县级以上总工会向用人单位发出《工会劳动法律监督意见书》，提出改正意见。

（4）重点群体监督及检察协作。涉及新就业形态劳动者和女性、未成年、残疾、老年劳动者等重点群体权益，存在劳动安全卫生问题或者涉及社保欠缴、拖欠农民工工资等群体性纠纷且用人单位不予配合的，县级以上总工会可同时将《工会劳动法律监督意见书》抄送同级检察机关，并移送相关线索材料。

（5）向违法用人单位发出建议书。用人单位收到《工会劳动法律监督意见书》，无正当理由未在规定期限内答复，或者拒不改正的，县级以上总工会向同级政府执法部门发出《工会劳动法律监督建议书》，可同时抄送同级检察机关，并移送相关线索材料，也可商请同级检察机关派员提前介入办理劳动者权益维护相关工作，推动依法解决劳动用工违法问题。

（6）检察机关受理及工会配合。收到工会移送的相关线索材料后，检察机关案件管理部门应及时审查，并移送相关业务部门。各级工会应当积极配合检察机关开展办案工作，通过个案办理推动类案监督，促进综合治理，共同维护劳动者合法权益。

（7）开展检察公益诉讼。违法用工行为侵害新就业形态劳动者和女性、未成年、残疾、老年劳动者等重点群体权益，存在劳动安全卫生危险或隐患，损害国家利益和社会公共利益的，检察机关可依法办理公益诉讼检察案件。

（8）监督行政主管部门依法履职。相关行政主管部门未依法履行劳动者合法权益保护职责，损害国家利益和社会公共利益的，检察机关根据实际情况，依法开展违法行为监督工作。

（9）民事检察。对于社保欠缴、农民工讨薪等突出问题，符合支持起诉条件的，检察机关可依法履行民事检察支持起诉职责。

（10）刑事检察。对于可能构成恶意欠薪等侵害劳动者合法权益的违法犯罪行为，检察机关可依法履行立案监督、审查逮捕、审查起诉等刑事检察职责。

（11）建立与工会协同协作机制。检察机关在办理涉及劳动者权益保护案件时，可以将相关法律文书抄送同级地方总工会，协作推进案件办理。各级工会应当积极配合检察机关开展办案工作，通过个案办理推动类案监督，促进综合治理，共同维护劳动者合法权益。

（12）促进依法行政。检察机关在履行刑事、民事、行政、公益诉讼检察职责中发现某地区违法用工多发、频发，或者存在明显的劳动用工管理监督漏洞，需要督促行业主管部门加强和改进管理监督工作的，可以灵活运用检察建议、联席会议等方式向有关单位或部门提出建议，促进建立健全相关劳动用工制度机制。

▶▶ 陕西省总工会与陕西省高级人民法院协同建立“一函两书”制度的适用情况有哪些？

陕西省总工会与陕西省高级人民法院协同建立“一函两书”制度适用以下情况：

（1）用人单位涉及职工利益的内部规章制度的制定、修改、执行情况；工资集体协商和集体合同制度的建立和执行情况；职工代表大会制度的建立和落实情况。

（2）劳动合同的订立、履行、变更、解除和终止情况；劳动报酬分配、调整、支付和社会保险、福利待遇的落实情况；工作时间、休息和休假制度的执行情况。

（3）安全生产、职业病防治等劳动安全卫生的执行情况；女职工、未成年工、残疾职工及老年劳动者特殊权益保护的情况；职工教育培训及其经费提取、使用的情况。

（4）劳务派遣单位和用工单位遵守劳动法律法规、保障被派遣人员合法权益的情况。

（5）用人单位违反《工会法》，阻挠劳动者参加和组织工会，或因工会工作人员依法履职而进行打击报复，解除劳动合同等情况。

（6）法律法规规定的其他情况。

▶▶ 陕西省总工会与陕西省高级人民法院协同推进“一函两书”制度的工作举措有哪些？

陕西省总工会与陕西省高级人民法院协同推进“一函两书”制度有以下工作举措：

（1）建立双向通报和信息共享机制。围绕元旦、春节等重要时间节点，聚焦欠薪、违法安排超时加班等突出问题，县级以上地方总工会与同级人民法院建立重大敏感信息预警机制，工会发现劳动用工违法线索、重大敏感信息，向用人单位发出《工会劳动法律监督提示函》《工会劳动法律监督意见书》时，可同步将相关信息通报人民法院，人民法院就案件审理中发现的劳动权益保护类型化问题、重大敏感问题，及时向同级工会通报，加强矛盾纠纷预防化解指导。人民法院支持工会发布公开提示函，提醒、警示用人单位遵守劳动法律法规，推动劳动领域存在法律风险的普遍性问题实现诉源治理。

（2）探索建立司法建议与工会监督衔接机制。人民法院可以根据辖区内类案办理情况，针对劳动用工违法行为等突出问题向有关用人单位发出司法建议书，并将司法建议书同步抄送用人单位所在地的县级以上地方总工会。县级以上地方总工会可以运用“一函两书”开展劳动法律监督，并将结果及时反馈人民法院。工会和人民法院要强化工作协同，加强涉及新就业形态劳动者、老年劳动者、女性劳动者、农民工等群体权益的司法保障和劳动法律监督，鼓励和引导当事人通过非诉讼方式解决纠纷，积极预防和妥善化解劳动关系领域重大风险，维护劳动关系和谐与社会稳定。

（3）加强业务指导与培训。县级以上地方总工会发出《工会劳动法律监督意见书》后，用人单位拒不改正违法用工行为的，工会可以积极协调检察机关支持劳动者提出权益维护诉求，人民法院依法公正高效审理劳动争议案件，不断提升审判质量和效率。县级以上地方总工会可以商请人民法院派员开展业务指导，对工会劳动法律监督员队伍开展业务培训，提升工会依法开展劳动法律监督的能力水平。

▶▶ 用人单位对女职工和未成年工的特殊保护有哪些义务？

《劳动法》第五十九条规定：“禁止安排女职工从事矿山井下、国家规定的第四级体力劳动强度的劳动和其他禁忌从事的劳动。”

《劳动法》第六十条规定："不得安排女职工在经期从事高处、低温、冷水作业和国家规定的第三级体力劳动强度的劳动。"

《劳动法》第六十一条规定："不得安排女职工在怀孕期间从事国家规定的第三级体力劳动强度的劳动和孕期禁忌从事的劳动。对怀孕七个月以上的女职工，不得安排其延长工作时间和夜班劳动。"

《劳动法》第六十三条规定："不得安排女职工在哺乳未满一周岁的婴儿期间从事国家规定的第三级体力劳动强度的劳动和哺乳期禁忌从事的其他劳动，不得安排其延长工作时间和夜班劳动。"

《劳动法》第六十四条规定："不得安排未成年工从事矿山井下、有毒有害、国家规定的第四级体力劳动强度的劳动和其他禁忌从事的劳动。"

《劳动法》第六十五条规定："用人单位应当对未成年工定期进行健康检查。"

《女职工劳动保护特别规定》第三条规定："用人单位应当加强女职工劳动保护，采取措施改善女职工劳动安全卫生条件，对女职工进行劳动安全卫生知识培训。"

《女职工劳动保护特别规定》第四条第一款规定："用人单位应当遵守女职工禁忌从事的劳动范围的规定。用人单位应当将本单位属于女职工禁忌从事的劳动范围的岗位书面告知女职工。”第五条规定：“用人单位不得因女职工怀孕、生育、哺乳降低其工资、予以辞退、与其解除劳动或者聘用合同。”

《女职工劳动保护特别规定》第六条规定：“女职工在孕期不能适应原劳动的，用人单位应当根据医疗机构的证明，予以减轻劳动量或者安排其他能够适应的劳动。对怀孕7个月以上的女职工，用人单位不得延长劳动时间或者安排夜班劳动，并应当在劳动时间内安排一定的休息时间。怀孕女职工在劳动时间内进行产前检查，所需时间计入劳动时间。”

《女职工劳动保护特别规定》第七条规定：“女职工生育享受98天产假，其中产前可以休假15天；难产的，增加产假15天；生育多胞胎的，每多生育1个婴儿，增加产假15天。女职工怀孕未满4个月流产的，享受15天产假；怀孕满4个月流产的，享受42天产假。”

《女职工劳动保护特别规定》第八条规定：“女职工产假期间的生育津贴，对已经参加生育保险的，按照用人单位上年度职工月平均工资的标准由生育保险基金支付；对未参加生育保险的，按照女职工产假前工资的标准由用人单位支付。女职工生育或者流产的医疗费用，按照生育保险规定的项目和标准，对已经参加生育保险的，由生育保险基金支付；对未参加生育保险的，由用人单位支付。”

《女职工劳动保护特别规定》第九条规定：“对哺乳未满1周岁婴儿的女职工，用人单位不得延长劳动时间或者安排夜班劳动。用人单位应当在每天的劳动时间内为哺乳期女职工安排1小时哺乳时间；女职工生育多胞胎的，每多哺乳1个婴儿每天增加1小时哺乳时间。”

《女职工劳动保护特别规定》第十条规定：“女职工比较多的用人单位应当根据女职工的需要，建立女职工卫生室、孕妇休息室、哺乳室等设施，妥善解决女职工在生理卫生、哺乳方面的困难。”

《女职工劳动保护特别规定》第十一条规定：“在劳动场所，用人单位应当预防和制止对女职工的性骚扰。”

《陕西省人口与计划生育条例》第四十五条规定，职工符合政策生育子女的，在国家规定产假的基础上增加产假六十天，同时给予男方护理假十五天，夫妻异地居住的给予男方护理假二十天。女职工参加孕前检查的，在国家规定产假的基础上增加产假十天。女职工生育三孩的，在前款规定的产假基础上增加产假十五天，男方增加护理假十天。女职工生育孩子满一周岁前，所在单位应当严格依照国家和本省女职工劳动保护有关规定保证哺乳时间并提供哺乳条件。所在单位确因特殊情况无法保证哺乳时间并提供哺乳条件的，经单位与本人协商，可以给予三个月到六个月的哺乳假，哺乳假期间比照生育津贴标准发给津贴，不影响晋级、调整工资，并计算工龄。

《未成年工特殊保护规定》对维护未成年工的合法权益，保护其在生产劳动中的健康作出了具体规定。

▶▶《劳动法》《安全生产法》《工会法》等法律对用人单位规定了哪些义务和责任?

《劳动法》第五十二条：用人单位必须建立、健全劳动安全卫生制度，严格执行国家劳动安全卫生规程和标准，对劳动者进行劳动安全卫生教育，防止劳动过程中的事故，减少职业危害。

《劳动法》第五十三条：劳动安全卫生设施必须符合国家规定的标准。新建、改建、扩建工程的劳动安全卫生设施必须与主体工程同时设计、同时施工、同时投入生产和使用。

《劳动法》第五十四条：用人单位必须为劳动者提供符合国家规定的劳动安全卫生条件和必要的劳动防护用品，对从事有职业危害作业的劳动者应当定期进行健康检查。

《安全生产法》第二十八条：生产经营单位应当对从业人员进行安全生产教育和培训，保证从业人员具备必要的安全生产知识，熟悉有关的安全生产规章制度和安全操作规程，掌握本岗位的安全操作技能，了解事故应急处理措施，知悉自身在安全生产方面的权利和义务。未经安全生产教育和培训合格的从业人员，不得上岗作业。生产经营单位使用被派遣劳动者的，应当将被派遣劳动者纳入本单位从业人员统一管理，对被派遣劳动者进行岗位安全操作规程和安全操作技能的教育和培训。劳务派遣单位应当对被派遣劳动者进行必要的安全生产教育和培训。生产经营单位接收中等职业学校、高等学校学生实习的，应当对实习学生进行相应的安全生产教育和培训，提供必要的劳动防护用品。学校应当协助生产经营单位对实习学生进行安全生产教育和培训。生产经营单位应当建立安全生产教育和培训档案，如实记录安全生产教育和培训的时间、内容、参加人员以及考核结果等情况。

《工会法》第二十四条：工会依照国家规定对新建、扩建企业和技术改造工程中的劳动条件和安全卫生设施与主体工程同时设计、同时施工、同时投产使用进行监督。对工会提出的意见，企业或者主管部门应当认真处理，并将处理结果书面通知工会。

《工会法》第二十五条：工会发现企业违章指挥、强令工人冒险作业，或者生产过程中发现明显重大事故隐患和职业危害，有权提出解决的建议，企业应当及时研究答复；发现危及职工生命安全的情况时，工会有权向企业建议组织职工撤离危险现场，企业必须及时作出处理决定。

《工会法》第二十六条：工会有权对企业、事业单位、社会组织侵犯职工合法权益的问题进行调查，有关单位应当予以协助。

《工会法》第二十七条：职工因工伤亡事故和其他严重危害职工健康问题的调查处理，必须有工会参加。工会应当向有关部门提出处理意见，并有权要求追究直接负责的主管人员和有关责任人员的责任。对工会提出的意见，应当及时研究，给予答复。

▶▶ 关于劳动就业法律法规对用人单位主要有哪些规定?

《劳动法》第十二条：劳动者就业，不因民族、种族、性别、宗教信仰不同而受歧视。

《劳动法》第七十二条：社会保险基金按照保险类型确定资金来源，逐步实行社会统筹。用人单位和劳动者必须依法参加社会保险，缴纳社会保险费。

《就业促进法》第三条第一款：劳动者依法享有平等就业和自主择业的权利。

《就业促进法》第二十六条：用人单位招用人员、职业中介机构从事职业中介活动，应当向劳动者提供平等的就业机会和公平的就业条件，不得实施就业歧视。

《就业促进法》第三十条：用人单位招用人员，不得以是传染病病原携带者为由拒绝录用。但是，经医学鉴定传染病病原携带者在治愈前或者排除传染嫌疑前，不得从事法律、行政法规和国务院卫生行政部门规定禁止从事的易使传染病扩散的工作。

《工会劳动法律监督办法》第九条第一款：工会对用人单位执行国家有关就业规定的情况实施监督。

《工会劳动法律监督办法》第十条第一款：工会重点监督用人单位恶意欠薪、违法超时加班、违法裁员、未缴纳或未足额缴纳社会保险费、侮辱体罚、强迫劳动、就业歧视、使用童工、侵犯女职工特殊权益、损害职工健康等行为。对发现的有关问题线索，应当调查核实，督促整改，并及时向上级工会报告；对职工申请仲裁、提起诉讼的，工会应当依法给予支持和帮助。

关于劳动合同法律法规对用人单位主要有哪些规定？

《劳动合同法》第十条：建立劳动关系，应当订立书面劳动合同。已建立劳动关系，未同时订立书面劳动合同的，应当自用工之日起一个月内订立书面劳动合同。用人单位与劳动者在用工前订立劳动合同的，劳动关系自用工之日起建立。

《劳动合同法》第十七条：劳动合同应当具备以下条款：

（一）用人单位的名称、住所和法定代表人或者主要负责人；

（二）劳动者的姓名、住址和居民身份证或者其他有效身份证件号码；

（三）劳动合同期限；

（四）工作内容和工作地点；

（五）工作时间和休息休假；

（六）劳动报酬；

（七）社会保险；

（八）劳动保护、劳动条件和职业危害防护；

（九）法律、法规规定应当纳入劳动合同的其他事项。

劳动合同除前款规定的必备条款外，用人单位与劳动者可以约定试用期、培训、保守秘密、补充保险和福利待遇等其他事项。

《工会劳动法律监督办法》第九条第二款：工会对用人单位执行国家有关订立、履行、变更、解除劳动合同规定的情况实施监督。

▶▶ 关于工作时间、休息休假法律法规对用人单位主要有哪些规定？

《劳动合同法》第四条第二款：用人单位在制定、修改或者决定有关劳动报酬、工作时间、休息休假、劳动安全卫生、保险福利、职工培训、劳动纪律以及劳动定额管理等直接涉及劳动者切身利益的规章制度或者重大事项时，应当经职工代表大会或者全体职工讨论，提出方案和意见，与工会或者职工代表平等协商确定。

《劳动合同法》第十七条：劳动合同应当具备以下条款：

（一）用人单位的名称、住所和法定代表人或者主要负责人；

（二）劳动者的姓名、住址和居民身份证或者其他有效身份证件号码；

（三）劳动合同期限；

（四）工作内容和工作地点；

（五）工作时间和休息休假；

（六）劳动报酬；

（七）社会保险；

（八）劳动保护、劳动条件和职业危害防护；

（九）法律、法规规定应当纳入劳动合同的其他事项。

《工会劳动法律监督办法》第九条第四款：工会对用人单位执行国家有关工作时间、休息、休假规定的情况实施监督。

《工会劳动法律监督办法》第十条：工会重点监督用人单位是否存在违法超时加班、未安排带薪年休假等行为。

▶▶ 关于开展集体协商、签订和履行集体合同法律法规对用人单位主要有哪些规定?

《劳动法》第三十三条：企业职工一方与企业可以就劳动报酬、工作时间、休息休假、劳动安全卫生、保险福利等事项，签订集体合同。集体合同草案应当提交职工代表大会或者全体职工讨论通过。

《劳动合同法》第五十一条第二款：集体合同由工会代表企业职工一方与用人单位订立；尚未建立工会的用人单位，由上级工会指导劳动者推举的代表与用人单位订立。

《劳动合同法》第五十四条第一款：集体合同订立后，应当报送劳动行政部门；劳动行政部门自收到集体合同文本之日起十五日内未提出异议的，集体合同即行生效。

《劳动合同法》第五十六条：用人单位违反集体合同，侵犯职工劳动权益的，工会可以依法要求用人单位承担责任；因履行集体合同发生争议，经协商解决不成的，工会可以依法申请仲裁、提起诉讼。

《工会劳动法律监督办法》第九条第三款：工会对用人单位开展集体协商、签订和履行集体合同的情况实施监督。

▶▶ 关于工资报酬法律法规对用人单位主要有哪些规定?

《劳动法》第四十八条：国家实行最低工资保障制度。最低工资的具体标准由省、自治区、直辖市人民政府规定，报国务院备案。用人单位支付劳动者的工资不得低于当地最低工资标准。

《劳动法》第五十条：工资应当以货币形式按月支付给劳动者本人，不得克扣或者无故拖欠。

《工资支付暂行规定》第七条：工资必须在用人单位与劳动者约定的日期支付。如遇节假日或休息日，则应提前在最近的工作日支付。工资至少每月支付一次，实行周、日、小时工资制的可按周、日、小时支付工资。

《劳动合同法》第三十条第一款：用人单位应当按照劳动合同约定和国家规定，向劳动者及时足额支付劳动报酬。

《工会劳动法律监督办法》第九条第五款：工会对用人单位执行国家有关工资报酬规定的情况实施监督。

▶▶ 关于劳动安全卫生法律法规对用人单位主要有哪些规定?

《劳动法》第五十二条：用人单位必须建立、健全劳动安全卫生制度，严格执行国家劳动安全卫生规程和标准，对劳动者进行劳动安全卫生教育，防止劳动过程中的事故，减少职业危害。

《劳动法》第五十四条：用人单位必须为劳动者提供符合国家规定的劳动安全卫生条件和必要的劳动防护用品，对从事有职业危害作业的劳动者应当定期进行健康检查。

《劳动法》第五十六条第一款：劳动者在劳动过程中必须严格遵守安全操作规程。

《工伤保险条例》第二条第一款：中华人民共和国境内的企业、事业单位、社会团体、民办非企业单位、基金会、律师事务所、会计师事务所等组织和有雇工的个体工商户（以下称用人单位）应当依照本条例规定参加工伤保险，为本单位全部职工或者雇工（以下称职工）缴纳工伤保险费。

《工会劳动法律监督办法》第九条第六款：工会对用人单位执行国家有关劳动安全卫生及伤亡事故和职业病处理规定的情况实施监督。

关于女职工和未成年工特殊保护法律法规对用人单位主要有哪些规定?

《劳动法》第五十八条第一款：国家对女职工和未成年工实行特殊劳动保护。

《劳动法》第五十九条：禁止安排女职工从事矿山井下、国家规定的第四级体力劳动强度的劳动和其他禁忌从事的劳动。

《劳动法》第六十条：不得安排女职工在经期从事高处、低温、冷水作业和国家规定的第三级体力劳动强度的劳动。

《未成年工特殊保护规定》第八条：用人单位应根据未成年

工的健康检查结果安排其从事适合的劳动，对不能胜任原劳动岗位的，应根据医务部门的证明，予以减轻劳动量或安排其他劳动。

《工会劳动法律监督办法》第九条第七款：工会对用人单位执行国家有关女职工和未成年工特殊保护规定的情况实施监督。

▶▶ 关于职工保险、福利待遇法律法规对用人单位主要有哪些规定?

《劳动法》第七十二条：社会保险基金按照保险类型确定资金来源，逐步实行社会统筹。用人单位和劳动者必须依法参加社会保险，缴纳社会保险费。

《劳动法》第七十六条第一款：国家发展社会福利事业，兴建公共福利设施，为劳动者休息、休养和疗养提供条件。

《社会保险法》第十条第一款：职工应当参加基本养老保险，由用人单位和职工共同缴纳基本养老保险费。

《职工带薪年休假条例》第二条第一款：机关、团体、企业、事业单位、民办非企业单位、有雇工的个体工商户等单位的职工连续工作 1 年以上的，享受带薪年休假(以下简称年休假)。单位应当保证职工享受年休假。

《工会劳动法律监督办法》第九条第九款：工会对用人单位执行国家有关职工保险、福利待遇规定的情况实施监督。

▶▶ 关于制定修改内部规章制度对用人单位主要有哪些规定?

《劳动法》第四条：用人单位应当依法建立和完善规章制

度，保障劳动者享有劳动权利和履行劳动义务。

《劳动合同法》第四条第二款：用人单位在制定、修改或者决定有关劳动报酬、工作时间、休息休假等直接涉及劳动者切身利益的规章制度时，应当经职工代表大会或者全体职工讨论，提出方案和意见，与工会或者职工代表平等协商确定。

《工会劳动法律监督办法》第九条第十二款：工会对用人单位制定、修改劳动规章制度或者决定重大事项的情况实施监督。

▶▶ 关于民主管理对用人单位主要有哪些规定?

《劳动法》第八条：劳动者依照法律规定，通过职工大会、职工代表大会或者其他形式，参与民主管理或者就保护劳动者合法权益与用人单位进行平等协商。

《工会法》第六条第三款：工会依照法律规定通过职工代表大会或者其他形式，组织职工参与本单位的民主选举、民主协商、民主决策、民主管理和民主监督。

《劳动合同法》第四条第四款：用人单位应当将直接涉及劳动者切身利益的规章制度和重大事项决定公示，或者告知劳动者。

《工会劳动法律监督办法》第九条第十一款：工会对用人单位执行企事业单位民主管理有关规定的情况实施监督。

▶▶ 关于重大改革调整对用人单位主要有哪些规定?

《劳动法》第二十七条第一款：用人单位濒临破产进行法定整顿期间或者生产经营状况发生严重困难，确需裁减人员的，应当提前三十日向工会或者全体职工说明情况，听取工会或者职工的意见，经向劳动行政部门报告后，可以裁减人员。

《劳动合同法》第四十一条：用人单位因生产经营发生严重困难，需要裁减人员二十人以上或者裁减不足二十人但占企业职工总数百分之十以上的，用人单位提前三十日向工会或者全体职工说明情况，听取工会或者职工的意见后，裁减人员方案经向劳动行政部门报告，可以裁减人员。

《工会劳动法律监督办法》第九条第十二款：工会对用人单位制定、修改劳动规章制度或者决定重大事项的情况实施监督。

第三部分

流程模板

工会劳动法律监督提示函（样本）

工会劳动法律监督提示函

[　　]____号

__________________：

现根据《劳动法》《工会法》等法律法规的有关规定，就以下事项提醒。

1. ______________________________

2. ______________________________

3. ______________________________

请你单位于____年____月____日前向我会书面答复自查自纠情况。逾期未答复的，我会将依据有关法律法规规定报上级工会劳动法律监督委员会调查处理。

××工会劳动法律监督委员会

（盖　章）

年　　月　　日

工会劳动法律监督意见书（样本）

工会劳动法律监督意见书

[ ]____号

____________________：

经查，你单位在遵守劳动法律法规方面存在下列问题：

1. ________________________________

2. ________________________________

3. ________________________________

整改建议：

1. ________________________________

2. ________________________________

3. ________________________________

（上述栏目可另附页）

请你单位于____年____月____日前作出处理，并将情况书面告知我会。逾期未改正的，我会将提请有关部门依法查处。

签发人：（工会主席）

____________工会（章）

年　　月　　日

工会劳动法律监督建议书（样本）

工会劳动法律监督建议书

[　　]____号

__________________：

经查，__________________在遵守劳动法律法规、保障职工合法权益方面存在下列问题：

1. ____________________________________

2. ____________________________________

整改建议：

1. ____________________________________

2. ____________________________________

（上述栏目可另附页）

我会对该单位违法行为发出《工会劳动法律监督意见书》后，该单位仍不改正。现提请你单位依法对其违反劳动法律法规的行为进行查处，并在结案后15个工作日内将办理情况书面告知我会。

附：违法行为证据　卷　册

签发人（工会主席）：　　　　　工会（章）：

年　　月　　日

签收人：　　　　　　　　　　　年　　月　　日

“一函两书”工作流程图

职工投诉或举报
落实上级要求和有关批示指示
相关线索移送
用工指导 / 安全生产检查
工会或工会劳动法律监督组织登记审查
存在用工法律风险隐患
用人单位存在违法用工行为
用人单位不存在违反劳动法律法规、侵害职工合法权益的行为
结案
用人单位经提醒纠正或整改后，风险隐患是否消除
是
否
发出《工会劳动法律监督提示函》
用人单位未答复或拒不改正的
用人单位改正后违法情形消除
县级以上地方总工会或用人单位工会向用人单位发出《工会劳动法律监督意见书》
用人单位根据意见书内容整改
用人单位逾期未作出书面答复或者无正当理由拒不整改
用人单位工会提请县级以上总工会向同级政府执法部门发出《工会劳动法律监督建议书》
整改不到位
整改到位
案件信息抄送同级检察机关
进入监督程序
政府有关执法部门依法调查并处理
是
否
政府有关执法部门办结后及时向工会反馈调查处理结果
执法不到位或劳动者利益诉求未实现
检察机关根据情况决定是否启动检察监督程序
结案
录入数据库，案件归档
案件数据查询、调用及统计分析

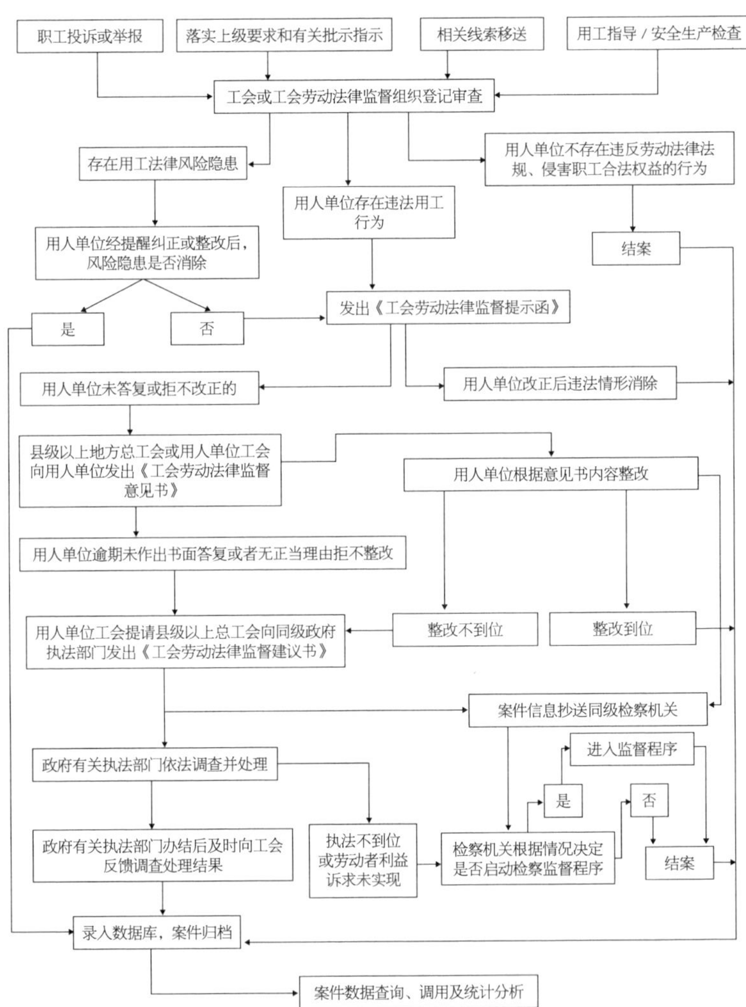

第四部分

政策文件

劳动保障监察条例

（2004 年 11 月 1 日中华人民共和国国务院令第 423 号公布）

第一章 总 则

第一条 为了贯彻实施劳动和社会保障（以下称劳动保障）法律、法规和规章，规范劳动保障监察工作，维护劳动者的合法权益，根据劳动法和有关法律，制定本条例。

第二条 对企业和个体工商户（以下称用人单位）进行劳动保障监察，适用本条例。

对职业介绍机构、职业技能培训机构和职业技能考核鉴定机构进行劳动保障监察，依照本条例执行。

第三条 国务院劳动保障行政部门主管全国的劳动保障监察工作。县级以上地方各级人民政府劳动保障行政部门主管本行政区域内的劳动保障监察工作。

县级以上各级人民政府有关部门根据各自职责，支持、协助劳动保障行政部门的劳动保障监察工作。

第四条 县级、设区的市级人民政府劳动保障行政部门可以委托符合监察执法条件的组织实施劳动保障监察。

劳动保障行政部门和受委托实施劳动保障监察的组织中的劳动保障监察员应当经过相应的考核或者考试录用。

劳动保障监察证件由国务院劳动保障行政部门监制。

第五条 县级以上地方各级人民政府应当加强劳动保障监察工作。劳动保障监察所需经费列入本级财政预算。

第六条 用人单位应当遵守劳动保障法律、法规和规章，接受并配合劳动保障监察。

第七条 各级工会依法维护劳动者的合法权益，对用人单位遵守劳动保障法律、法规和规章的情况进行监督。

劳动保障行政部门在劳动保障监察工作中应当注意听取工会组织的意见和建议。

第八条 劳动保障监察遵循公正、公开、高效、便民的原则。

实施劳动保障监察，坚持教育与处罚相结合，接受社会监督。

第九条 任何组织或者个人对违反劳动保障法律、法规或者规章的行为，有权向劳动保障行政部门举报。

劳动者认为用人单位侵犯其劳动保障合法权益的，有权向劳动保障行政部门投诉。

劳动保障行政部门应当为举报人保密；对举报属实，为查处重大违反劳动保障法律、法规或者规章的行为提供主要线索和证据的举报人，给予奖励。

第二章　劳动保障监察职责

第十条　劳动保障行政部门实施劳动保障监察，履行下列职责：

（一）宣传劳动保障法律、法规和规章，督促用人单位贯彻执行；

（二）检查用人单位遵守劳动保障法律、法规和规章的情况；

（三）受理对违反劳动保障法律、法规或者规章的行为的举报、投诉；

（四）依法纠正和查处违反劳动保障法律、法规或者规章的行为。

第十一条　劳动保障行政部门对下列事项实施劳动保障监察：

（一）用人单位制定内部劳动保障规章制度的情况；

（二）用人单位与劳动者订立劳动合同的情况；

（三）用人单位遵守禁止使用童工规定的情况；

（四）用人单位遵守女职工和未成年工特殊劳动保护规定的情况；

（五）用人单位遵守工作时间和休息休假规定的情况；

（六）用人单位支付劳动者工资和执行最低工资标准的

情况；

（七）用人单位参加各项社会保险和缴纳社会保险费的情况；

（八）职业介绍机构、职业技能培训机构和职业技能考核鉴定机构遵守国家有关职业介绍、职业技能培训和职业技能考核鉴定的规定的情况；

（九）法律、法规规定的其他劳动保障监察事项。

第十二条 劳动保障监察员依法履行劳动保障监察职责，受法律保护。

劳动保障监察员应当忠于职守，秉公执法，勤政廉洁，保守秘密。

任何组织或者个人对劳动保障监察员的违法违纪行为，有权向劳动保障行政部门或者有关机关检举、控告。

第三章 劳动保障监察的实施

第十三条 对用人单位的劳动保障监察，由用人单位用工所在地的县级或者设区的市级劳动保障行政部门管辖。

上级劳动保障行政部门根据工作需要，可以调查处理下级劳动保障行政部门管辖的案件。劳动保障行政部门对劳动保障监察管辖发生争议的，报请共同的上一级劳动保障行政部门指定管辖。

省、自治区、直辖市人民政府可以对劳动保障监察的管辖制定具体办法。

第十四条 劳动保障监察以日常巡视检查、审查用人单位按照要求报送的书面材料以及接受举报投诉等形式进行。

劳动保障行政部门认为用人单位有违反劳动保障法律、法规或者规章的行为，需要进行调查处理的，应当及时立案。

劳动保障行政部门或者受委托实施劳动保障监察的组织应当设立举报、投诉信箱和电话。

对因违反劳动保障法律、法规或者规章的行为引起的群体性事件，劳动保障行政部门应当根据应急预案，迅速会同有关部门处理。

第十五条 劳动保障行政部门实施劳动保障监察，有权采取下列调查、检查措施：

（一）进入用人单位的劳动场所进行检查；

（二）就调查、检查事项询问有关人员；

（三）要求用人单位提供与调查、检查事项相关的文件资料，并作出解释和说明，必要时可以发出调查询问书；

（四）采取记录、录音、录像、照像或者复制等方式收集有关情况和资料；

（五）委托会计师事务所对用人单位工资支付、缴纳社会保险费的情况进行审计；

（六）法律、法规规定可以由劳动保障行政部门采取的其他调查、检查措施。

劳动保障行政部门对事实清楚、证据确凿、可以当场处理的违反劳动保障法律、法规或者规章的行为有权当场予以纠正。

第十六条 劳动保障监察员进行调查、检查，不得少于2人，并应当佩戴劳动保障监察标志、出示劳动保障监察证件。

劳动保障监察员办理的劳动保障监察事项与本人或者其近亲属有直接利害关系的，应当回避。

第十七条 劳动保障行政部门对违反劳动保障法律、法规或者规章的行为的调查，应当自立案之日起60个工作日内完成；对情况复杂的，经劳动保障行政部门负责人批准，可以延长30个工作日。

第十八条 劳动保障行政部门对违反劳动保障法律、法规或者规章的行为，根据调查、检查的结果，作出以下处理：

（一）对依法应当受到行政处罚的，依法作出行政处罚决定；

（二）对应当改正未改正的，依法责令改正或者作出相应的行政处理决定；

（三）对情节轻微且已改正的，撤销立案。

发现违法案件不属于劳动保障监察事项的，应当及时移送有关部门处理；涉嫌犯罪的，应当依法移送司法机关。

第十九条 劳动保障行政部门对违反劳动保障法律、法规或者规章的行为作出行政处罚或者行政处理决定前，应当听取用人单位的陈述、申辩；作出行政处罚或者行政处理决定，应当告知用人单位依法享有申请行政复议或者提起行政诉讼的权利。

第二十条 违反劳动保障法律、法规或者规章的行为在2年内未被劳动保障行政部门发现，也未被举报、投诉的，劳动保障行政部门不再查处。

前款规定的期限，自违反劳动保障法律、法规或者规章的行为发生之日起计算；违反劳动保障法律、法规或者规章的行为有连续或者继续状态的，自行为终了之日起计算。

第二十一条 用人单位违反劳动保障法律、法规或者规章，对劳动者造成损害的，依法承担赔偿责任。劳动者与用人单位就赔偿发生争议的，依照国家有关劳动争议处理的规定处理。

对应当通过劳动争议处理程序解决的事项或者已经按照劳动争议处理程序申请调解、仲裁或者已经提起诉讼的事项，劳动保障行政部门应当告知投诉人依照劳动争议处理或者诉讼的程序办理。

第二十二条 劳动保障行政部门应当建立用人单位劳动保障守法诚信档案。用人单位有重大违反劳动保障法律、法规或者规章的行为的，由有关的劳动保障行政部门向社会公布。

第四章 法律责任

第二十三条 用人单位有下列行为之一的，由劳动保障行政部门责令改正，按照受侵害的劳动者每人1000元以上5000

元以下的标准计算，处以罚款：

（一）安排女职工从事矿山井下劳动、国家规定的第四级体力劳动强度的劳动或者其他禁忌从事的劳动的；

（二）安排女职工在经期从事高处、低温、冷水作业或者国家规定的第三级体力劳动强度的劳动的；

（三）安排女职工在怀孕期间从事国家规定的第三级体力劳动强度的劳动或者孕期禁忌从事的劳动的；

（四）安排怀孕 7 个月以上的女职工夜班劳动或者延长其工作时间的；

（五）女职工生育享受产假少于 90 天的；

（六）安排女职工在哺乳未满 1 周岁的婴儿期间从事国家规定的第三级体力劳动强度的劳动或者哺乳期禁忌从事的其他劳动，以及延长其工作时间或者安排其夜班劳动的；

（七）安排未成年工从事矿山井下、有毒有害、国家规定的第四级体力劳动强度的劳动或者其他禁忌从事的劳动的；

（八）未对未成年工定期进行健康检查的。

第二十四条 用人单位与劳动者建立劳动关系不依法订立劳动合同的，由劳动保障行政部门责令改正。

第二十五条 用人单位违反劳动保障法律、法规或者规章延长劳动者工作时间的，由劳动保障行政部门给予警告，责令限期改正，并可以按照受侵害的劳动者每人 100 元以上 500 元以下的标准计算，处以罚款。

第二十六条 用人单位有下列行为之一的，由劳动保障行政部门分别责令限期支付劳动者的工资报酬、劳动者工资低于当地最低工资标准的差额或者解除劳动合同的经济补偿；逾期不支付的，责令用人单位按照应付金额50%以上1倍以下的标准计算，向劳动者加付赔偿金：

（一）克扣或者无故拖欠劳动者工资报酬的；

（二）支付劳动者的工资低于当地最低工资标准的；

（三）解除劳动合同未依法给予劳动者经济补偿的。

第二十七条 用人单位向社会保险经办机构申报应缴纳的社会保险费数额时，瞒报工资总额或者职工人数的，由劳动保障行政部门责令改正，并处瞒报工资数额1倍以上3倍以下的罚款。

骗取社会保险待遇或者骗取社会保险基金支出的，由劳动保障行政部门责令退还，并处骗取金额1倍以上3倍以下的罚款；构成犯罪的，依法追究刑事责任。

第二十八条 职业介绍机构、职业技能培训机构或者职业技能考核鉴定机构违反国家有关职业介绍、职业技能培训或者职业技能考核鉴定的规定的，由劳动保障行政部门责令改正，没收违法所得，并处1万元以上5万元以下的罚款；情节严重的，吊销许可证。

未经劳动保障行政部门许可，从事职业介绍、职业技能培训或者职业技能考核鉴定的组织或者个人，由劳动保障行政部门、工商行政管理部门依照国家有关无照经营查处取缔的规定查处取缔。

第二十九条 用人单位违反《中华人民共和国工会法》，有下列行为之一的，由劳动保障行政部门责令改正：

（一）阻挠劳动者依法参加和组织工会，或者阻挠上级工会帮助、指导劳动者筹建工会的；

（二）无正当理由调动依法履行职责的工会工作人员的工作岗位，进行打击报复的；

（三）劳动者因参加工会活动而被解除劳动合同的；

（四）工会工作人员因依法履行职责被解除劳动合同的。

第三十条 有下列行为之一的，由劳动保障行政部门责令改正；对有第（一）项、第（二）项或者第（三）项规定的行为的，处 2000 元以上 2 万元以下的罚款：

（一）无理抗拒、阻挠劳动保障行政部门依照本条例的规定实施劳动保障监察的；

（二）不按照劳动保障行政部门的要求报送书面材料，隐瞒事实真相，出具伪证或者隐匿、毁灭证据的；

（三）经劳动保障行政部门责令改正拒不改正，或者拒不履行劳动保障行政部门的行政处理决定的；

（四）打击报复举报人、投诉人的。

违反前款规定，构成违反治安管理行为的，由公安机关依法给予治安管理处罚；构成犯罪的，依法追究刑事责任。

第三十一条 劳动保障监察员滥用职权、玩忽职守、徇私舞弊或者泄露在履行职责过程中知悉的商业秘密的，依法给予行政处分；构成犯罪的，依法追究刑事责任。

劳动保障行政部门和劳动保障监察员违法行使职权，侵犯用人单位或者劳动者的合法权益的，依法承担赔偿责任。

第三十二条 属于本条例规定的劳动保障监察事项，法律、其他行政法规对处罚另有规定的，从其规定。

第五章 附 则

第三十三条 对无营业执照或者已被依法吊销营业执照，有劳动用工行为的，由劳动保障行政部门依照本条例实施劳动保障监察，并及时通报工商行政管理部门予以查处取缔。

第三十四条 国家机关、事业单位、社会团体执行劳动保障法律、法规和规章的情况，由劳动保障行政部门根据其职责，依照本条例实施劳动保障监察。

第三十五条 劳动安全卫生的监督检查，由卫生部门、安全生产监督管理部门、特种设备安全监督管理部门等有关部门依照有关法律、行政法规的规定执行。

第三十六条 本条例自 2004 年 12 月 1 日起施行。

人力资源和社会保障部
关于实施《劳动保障监察条例》若干规定

（2004年12月31日劳动保障部令第25号公布　自2005年2月1日起施行　根据2022年1月7日《人力资源社会保障部关于修改部分规章的决定》第一次修订）

第一章　总　则

第一条　为了实施《劳动保障监察条例》，规范劳动保障监察行为，制定本规定。

第二条　劳动保障行政部门及所属劳动保障监察机构对企业和个体工商户（以下称用人单位）遵守劳动保障法律、法规和规章（以下简称劳动保障法律）的情况进行监察，适用本规定；对职业介绍机构、职业技能培训机构和职业技能考核鉴定机构进行劳动保障监察，依照本规定执行；对国家机关、事业单位、社会团体执行劳动保障法律情况进行劳动保障监察，根据劳动保障行政部门的职责，依照本规定执行。

第三条　劳动保障监察遵循公正、公开、高效、便民的原则。

实施劳动保障行政处罚坚持以事实为依据，以法律为准绳，坚持教育与处罚相结合，接受社会监督。

第四条 劳动保障监察实行回避制度。

第五条 县级以上劳动保障行政部门设立的劳动保障监察行政机构和劳动保障行政部门依法委托实施劳动保障监察的组织（以下统称劳动保障监察机构）具体负责劳动保障监察管理工作。

第二章 一般规定

第六条 劳动保障行政部门对用人单位及其劳动场所的日常巡视检查，应当制定年度计划和中长期规划，确定重点检查范围，并按照现场检查的规定进行。

第七条 劳动保障行政部门对用人单位按照要求报送的有关遵守劳动保障法律情况的书面材料应进行审查，并对审查中发现的问题及时予以纠正和查处。

第八条 劳动保障行政部门可以针对劳动保障法律实施中存在的重点问题集中组织专项检查活动，必要时，可以联合有关部门或组织共同进行。

第九条 劳动保障行政部门应当设立举报、投诉信箱，公开举报、投诉电话，依法查处举报和投诉反映的违反劳动保障法律的行为。

第三章　受理与立案

第十条　任何组织或个人对违反劳动保障法律的行为，有权向劳动保障行政部门举报。

第十一条　劳动保障行政部门对举报人反映的违反劳动保障法律的行为应当依法予以查处，并为举报人保密；对举报属实，为查处重大违反劳动保障法律的行为提供主要线索和证据的举报人，给予奖励。

第十二条　劳动者对用人单位违反劳动保障法律、侵犯其合法权益的行为，有权向劳动保障行政部门投诉。对因同一事由引起的集体投诉，投诉人可推荐代表投诉。

第十三条　投诉应当由投诉人向劳动保障行政部门递交投诉文书。书写投诉文书确有困难的，可以口头投诉，由劳动保障监察机构进行笔录，并由投诉人签字。

第十四条　投诉文书应当载明下列事项：

（一）投诉人的姓名、性别、年龄、职业、工作单位、住所和联系方式，被投诉用人单位的名称、住所、法定代表人或者主要负责人的姓名、职务；

（二）劳动保障合法权益受到侵害的事实和投诉请求事项。

第十五条　有下列情形之一的投诉，劳动保障行政部门应当告知投诉人依照劳动争议处理或者诉讼程序办理：

（一）应当通过劳动争议处理程序解决的；

（二）已经按照劳动争议处理程序申请调解、仲裁的；

（三）已经提起劳动争议诉讼的。

第十六条 下列因用人单位违反劳动保障法律行为对劳动者造成损害，劳动者与用人单位就赔偿发生争议的，依照国家有关劳动争议处理的规定处理：

（一）因用人单位制定的劳动规章制度违反法律、法规规定，对劳动者造成损害的；

（二）因用人单位违反对女职工和未成年工的保护规定，对女职工和未成年工造成损害的；

（三）因用人单位原因订立无效合同，对劳动者造成损害的；

（四）因用人单位违法解除劳动合同或者故意拖延不订立劳动合同，对劳动者造成损害的；

（五）法律、法规和规章规定的其他因用人单位违反劳动保障法律的行为，对劳动者造成损害的。

第十七条 劳动者或者用人单位与社会保险经办机构发生的社会保险行政争议，按照《社会保险行政争议处理办法》处理。

第十八条 对符合下列条件的投诉，劳动保障行政部门应当在接到投诉之日起 5 个工作日内依法受理，并于受理之日立案查处：

（一）违反劳动保障法律的行为发生在两年内的；

（二）有明确的被投诉用人单位，且投诉人的合法权益受到侵害是被投诉用人单位违反劳动保障法律的行为所造成的；

（三）属于劳动保障监察职权范围并由受理投诉的劳动保障行政部门管辖。

对不符合第一款第（一）项规定的投诉，劳动保障行政部门应当在接到投诉之日起 5 个工作日内决定不予受理，并书面通知投诉人。

对不符合第一款第（二）项规定的投诉，劳动保障监察机构应当告知投诉人补正投诉材料。

对不符合第一款第（三）项规定的投诉，即对不属于劳动保障监察职权范围的投诉，劳动保障监察机构应当告诉投诉人；对属于劳动保障监察职权范围但不属于受理投诉的劳动保障行政部门管辖的投诉，应当告知投诉人向有关劳动保障行政部门提出。

第十九条 劳动保障行政部门通过日常巡视检查、书面审查、举报等发现用人单位有违反劳动保障法律的行为，需要进行调查处理的，应当及时立案查处。

立案应当填写立案审批表，报劳动保障监察机构负责人审查批准。劳动保障监察机构负责人批准之日即为立案之日。

第四章 调查与检查

第二十条 劳动保障监察员进行调查、检查不得少于两人。

劳动保障监察机构应指定其中 1 名为主办劳动保障监察员。

第二十一条 劳动保障监察员对用人单位遵守劳动保障法律情况进行监察时，应当遵循以下规定：

（一）进入用人单位时，应佩戴劳动保障监察执法标志，出示劳动保障监察证件，并说明身份；

（二）就调查事项制作笔录，应由劳动保障监察员和被调查人（或其委托代理人）签名或盖章。被调查人拒不签名、盖章的，应注明拒签情况。

第二十二条 劳动保障监察员进行调查、检查时，承担下列义务：

（一）依法履行职责，秉公执法；

（二）保守在履行职责过程中获知的商业秘密；

（三）为举报人保密。

第二十三条 劳动保障监察员在实施劳动保障监察时，有下列情形之一的，应当回避：

（一）本人是用人单位法定代表人或主要负责人的近亲属的；

（二）本人或其近亲属与承办查处的案件事项有直接利害关系的；

（三）因其他原因可能影响案件公正处理的。

第二十四条 当事人认为劳动保障监察员符合本规定第二十三条规定应当回避的，有权向劳动保障行政部门申请，要求其回避。当事人申请劳动保障监察员回避，应当采用书面形式。

第二十五条 劳动保障行政部门应当在收到回避申请之日起 3 个工作日内依法审查，并由劳动保障行政部门负责人作出回避决定。决定作出前，不停止实施劳动保障监察。回避决定应当告知申请人。

第二十六条 劳动保障行政部门实施劳动保障监察，有权采取下列措施：

（一）进入用人单位的劳动场所进行检查；

（二）就调查、检查事项询问有关人员；

（三）要求用人单位提供与调查、检查事项相关的文件资料，必要时可以发出调查询问书；

（四）采取记录、录音、录像、照像和复制等方式收集有关的情况和资料；

（五）对事实确凿、可以当场处理的违反劳动保障法律、法规或规章的行为当场予以纠正；

（六）可以委托注册会计师事务所对用人单位工资支付、缴纳社会保险费的情况进行审计；

（七）法律、法规规定可以由劳动保障行政部门采取的其他调查、检查措施。

第二十七条 劳动保障行政部门调查、检查时，有下列情形之一的可以采取证据登记保存措施：

（一）当事人可能对证据采取伪造、变造、毁灭行为的；

（二）当事人采取措施不当可能导致证据灭失的；

（三）不采取证据登记保存措施以后难以取得的；

（四）其他可能导致证据灭失的情形的。

第二十八条　采取证据登记保存措施应当按照下列程序进行：

（一）劳动保障监察机构根据本规定第二十七条的规定，提出证据登记保存申请，报劳动保障行政部门负责人批准；

（二）劳动保障监察员将证据登记保存通知书及证据登记清单交付当事人，由当事人签收。当事人拒不签名或者盖章的，由劳动保障监察员注明情况；

（三）采取证据登记保存措施后，劳动保障行政部门应当在7日内及时作出处理决定，期限届满后应当解除证据登记保存措施。

在证据登记保存期内，当事人或者有关人员不得销毁或者转移证据；劳动保障监察机构及劳动保障监察员可以随时调取证据。

第二十九条　劳动保障行政部门在实施劳动保障监察中涉及异地调查取证的，可以委托当地劳动保障行政部门协助调查。受委托方的协助调查应在双方商定的时间内完成。

第三十条　劳动保障行政部门对违反劳动保障法律的行为的调查，应当自立案之日起60个工作日内完成；情况复杂的，经劳动保障行政部门负责人批准，可以延长30个工作日。

第五章　案件处理

第三十一条　对用人单位存在的违反劳动保障法律的行为事实确凿并有法定处罚（处理）依据的，可以当场作出限期整改指令或依法当场作出行政处罚决定。

当场作出限期整改指令或行政处罚决定的，劳动保障监察员应当填写预定格式、编有号码的限期整改指令书或行政处罚决定书，当场交付当事人。

第三十二条　当场处以警告或罚款处罚的，应当按照下列程序进行：

（一）口头告知当事人违法行为的基本事实、拟作出的行政处罚、依据及其依法享有的权利；

（二）听取当事人的陈述和申辩；

（三）填写预定格式的处罚决定书；

（四）当场处罚决定书应当由劳动保障监察员签名或者盖章；

（五）将处罚决定书当场交付当事人，由当事人签收。

劳动保障监察员应当在两日内将当场限期整改指令和行政处罚决定书存档联交所属劳动保障行政部门存档。

第三十三条　对不能当场作出处理的违法案件，劳动保障监察员经调查取证，应当提出初步处理建议，并填写案件处理报批表。

案件处理报批表应写明被处理单位名称、案由、违反劳动保障法律行为事实、被处理单位的陈述、处理依据、建议处理意见。

第三十四条 对违反劳动保障法律的行为作出行政处罚或者行政处理决定前，应当告知用人单位，听取其陈述和申辩；法律、法规规定应当依法听证的，应当告知用人单位有权依法要求举行听证；用人单位要求听证的，劳动保障行政部门应当组织听证。

第三十五条 劳动保障行政部门对违反劳动保障法律的行为，根据调查、检查的结果，作出以下处理：

（一）对依法应当受到行政处罚的，依法作出行政处罚决定；

（二）对应当改正未改正的，依法责令改正或者作出相应的行政处理决定；

（三）对情节轻微，且已改正的，撤销立案。

经调查、检查，劳动保障行政部门认定违法事实不能成立的，也应当撤销立案。

发现违法案件不属于劳动保障监察事项的，应当及时移送有关部门处理；涉嫌犯罪的，应当依法移送司法机关。

第三十六条 劳动保障监察行政处罚（处理）决定书应载明下列事项：

（一）被处罚（处理）单位名称、法定代表人、单位地址；

（二）劳动保障行政部门认定的违法事实和主要证据；

（三）劳动保障行政处罚（处理）的种类和依据；

（四）处罚（处理）决定的履行方式和期限；

（五）不服行政处罚（处理）决定，申请行政复议或者提起行政诉讼的途径和期限；

（六）作出处罚（处理）决定的行政机关名称和作出处罚（处理）决定的日期。

劳动保障行政处罚（处理）决定书应当加盖劳动保障行政部门印章。

第三十七条 劳动保障行政部门立案调查完成，应在15个工作日内作出行政处罚（行政处理或者责令改正）或者撤销立案决定；特殊情况，经劳动保障行政部门负责人批准可以延长。

第三十八条 劳动保障监察限期整改指令书、劳动保障行政处理决定书、劳动保障行政处罚决定书应当在宣告后当场交付当事人；当事人不在场的，劳动保障行政部门应当在7日内依照《中华人民共和国民事诉讼法》的有关规定，将劳动保障监察限期整改指令书、劳动保障行政处理决定书、劳动保障行政处罚决定书送达当事人。

第三十九条 作出行政处罚、行政处理决定的劳动保障行政部门发现决定不适当的，应当予以纠正并及时告知当事人。

第四十条 劳动保障监察案件结案后应建立档案。档案资料应当至少保存3年。

第四十一条 劳动保障行政处理或处罚决定依法作出后，当事人应当在决定规定的期限内予以履行。

第四十二条 当事人对劳动保障行政处理或行政处罚决定不服申请行政复议或者提起行政诉讼的，行政处理或行政处罚决定不停止执行。法律另有规定的除外。

第四十三条 当事人确有经济困难，需要延期或者分期缴纳罚款的，经当事人申请和劳动保障行政部门批准，可以暂缓或者分期缴纳。

第四十四条 当事人对劳动保障行政部门作出的行政处罚决定、责令支付劳动者工资报酬、赔偿金或者征缴社会保险费等行政处理决定逾期不履行的，劳动保障行政部门可以申请人民法院强制执行，或者依法强制执行。

第四十五条 除依法当场收缴的罚款外，作出罚款决定的劳动保障行政部门及其劳动保障监察员不得自行收缴罚款。当事人应当自收到行政处罚决定书之日起 15 日内，到指定银行缴纳罚款。

第四十六条 地方各级劳动保障行政部门应当按照劳动保障部有关规定对承办的案件进行统计并填表上报。

地方各级劳动保障行政部门制作的行政处罚决定书，应当在 10 个工作日内报送上一级劳动保障行政部门备案。

第六章　附　则

第四十七条　对无营业执照或者已被依法吊销营业执照，有劳动用工行为的，由劳动保障行政部门依照本规定实施劳动保障监察。

第四十八条　本规定自2005年2月1日起施行。原《劳动监察规定》（劳部发〔1993〕167号）、《劳动监察程序规定》（劳部发〔1995〕457号）、《处理举报劳动违法行为规定》（劳动部令第5号，1996年12月17日）同时废止。

劳动和社会保障部 中华全国总工会关于加强劳动保障监察与工会劳动保障法律监督相互协调配合工作的通知

（2001年11月13日）

各省、自治区、直辖市劳动和社会保障厅（局）、总工会：

《中华人民共和国劳动法》（以下简称《劳动法》）公布实施以来，各地、各有关部门和多数用人单位认真贯彻落实，劳动者的合法权益基本得到保障。但在一些地区和部分企业仍然存在着违反《劳动法》规定，侵害劳动者合法权益的现象。为加大劳动保障监察执法和工会劳动保障法律监督的力度，切实维护劳动者的合法权益，根据《劳动法》、《中华人民共和国工会法》，现就加强劳动保障监察与工会劳动保障法律监督协调配合工作，推进劳动保障法律监督制度建设的有关问题通知如下：

一、进一步加强劳动保障监察与工会劳动保障法律监督的协调配合工作。劳动保障监察是国家赋予劳动保障行政部门依法对用人单位遵守劳动保障法律法规情况进行监督检查，并对违法行为进行行政处理或行政处罚的行政执法活动。工会劳动保障法律监督是工会依法组织职工对劳动保障法律法规的贯彻实施情况进行的监督活动。这两者都是我国劳动保障法律监督体系的重要组成部分。在贯彻实施劳动保障法律法规的工作中，劳动保障行政部门和工会组织要认真履行各自的职责，同时要按照相互支持、相互协调、密切配合的原则，逐步建立相关的工作制度，形成优势互补的工作格局，推进劳动保障法律监督制度建设和工作开展。

二、建立情况通报制度和工作例会制度。县级以上劳动保障监察机构和工会劳动保障法律监督组织应定期召开联席会议或工作例会，通报工作情况，分析研究劳动保障法律法规贯彻实施中存在的问题，提出加强劳动保障法律监督工作的意见和具体措施。要做好信息的收集、分析和统计工作，加强信息交流，尤其要做好重大事件和重要信息的通报工作。

三、开展对职工合法权益重大问题的监督和调查研究。工会依法维护职工合法权益，对用人单位遵守劳动保障法律法规情况进行监督。劳动保障行政部门与工会组织可就贯彻实施劳动保障法律法规，维护职工合法权益问题共同开展调查研究，针对侵犯职工合法权益和影响社会稳定的问题，提出解决措施和建议。

四、建立案件处理反馈制度。县级以上工会劳动保障法律监督组织在开展劳动保障法律法规监督活动中，对用人单位违反劳动保障法律法规的行为，可提请有管辖权的劳动保障行政部门处理。劳动保障行政部门的监察机构应及时对工会反映的情况进行调查，并将处理结果反馈给工会劳动保障法律监督组织。

五、建立工会劳动保障法律监督员制度。地方各级劳动保障行政部门可以在同级工会组织中聘请劳动保障法律监督员。工会组织中被聘请的劳动保障法律监督员由县级以上劳动保障行政部门和工会组织培训，经考核合格后，由县级以上劳动保障行政部门、工会组织统一颁发证件。劳动保障法律监督员发现用人单位违反劳动保障法律法规的行为，应及时向其提出整改意见或建议，如用人单位拒不整改，劳动保障法律监督员应当向劳动保障监察机构和工会劳动保障法律监督组织报告。劳动保障行政部门对工会劳动保障法律监督员反映的违法问题应及时进行调查处理。

六、发挥企业工会劳动保障法律监督组织对本单位遵守劳动保障法律法规情况的监督作用。县级以上各级工会劳动保障法律监督委员会要加强对企业工会劳动保障法律监督委员会的工作指导，督促其对本企业遵守劳动保障法律法规情况进行经常性的监督。企业工会在工作中发现的问题，应及时向用人单位提出整改意见；对重大问题，应通过平等协商提出议案，经职工代表大会做出决议，并监督用人单位执行。企业分厂、车间和班组的工会劳动保障法律监督员应搞好日常监督，对在生产劳动过程中发现的违反劳动保障法律法规的现象和行为，应及时向企业工会劳动保障法律监督委员会报告。对重大问题，企业工会劳动保障法律监督组织应及时向上级工会和当地劳动保障行政部门报告，劳动保障行政部门应当认真查处。

七、各级劳动保障行政部门要进一步加大劳动保障监察执法力度。要继续加强劳动保障监察机构建设，充实人员，保证执法力量。劳动保障行政部门要严格执法，对侵犯劳动者合法权益的行为和责任者，必须严肃查处，把维护劳动者合法权益的工作落到实处。劳动保障行政部门在作出重大行政处罚决定前，应认真执行听证制度，充分听取当事人的意见，并根据案件审查需要，征求工会组织等有关方面的意见，确保劳动保障行政部门行政处罚决定的公正性。

八、各级劳动保障行政部门和工会组织要结合实际情况制定具体的措施和办法，建立和完善劳动保障法律监督体系，不断探索劳动保障监察与工会劳动保障法律监督协调配合开展工作的形式和途径，共同推进劳动保障法律法规的全面贯彻执行。

劳动和社会保障部办公厅关于规范聘请劳动保障法律监督员工作的通知

（2001 年 12 月 5 日）

各省、自治区、直辖市劳动和社会保障厅（局）：

为进一步贯彻实施劳动保障法律法规，加大劳动保障监察执法力度，加强与有关部门和群众组织的配合和协作，推进劳动保障法律监督制度建设，各级劳动保障行政部门可以根据工作需要从有关单位聘请劳动保障法律监督员。现就规范聘请劳动保障法律监督员工作的有关问题通知如下：

一、劳动保障法律监督员是指县级以上劳动保障行政部门，从有关政府部门和工会、妇联、共青团、新闻单位、企业等单位的工作人员、新闻工作者、劳资管理人员中，聘请对劳动保障法律法规贯彻实施情况进行监督的人员。各地劳动保障行政部门应当做好聘请劳动保障法律监督员的工作，充分发挥劳动保障法律监督员在宣传劳动保障法律知识和协助查处劳动保障违法行为等方面的重要作用。

二、劳动保障法律监督员必须具备的条件是：坚持四项基本原则，遵守宪法和法律；熟悉劳动保障法规政策和业务工作；遵守监督工作纪律，保守工作秘密；坚持原则，公道正派；经过劳动和社会保障部或省级劳动保障行政部门劳动保障法律与监察知识培训，并考试合格。

三、劳动保障法律监督员的主要职责是：宣传劳动保障法律法规和国家劳动保障政策；依法对各类用人单位和个人遵守劳动保障法律法规情况进行监督；反映、转递人民群众对违反劳动保障法律法规行为的检举、控告；反映人民群众对贯彻实施劳动保障法律法规和加强劳动保障监察执法工作的建议、意见和要求。

四、聘请劳动保障法律监督员应当由所在单位推荐人选，经县级以上劳动保障行政部门的劳动保障监察机构审核后，报劳动保障行政部门领导批准。经批准聘任的劳动保障法律监督员由劳动保障监察机构办理颁发劳动保障法律监督员证件手续。劳动保障法律监督员证由劳动和社会保障部统一监制。

劳动保障法律监督员的聘任期限一般为三年；根据工作需要并征得本人及其所在单位同意，聘任期满并经考核合格后，可以续聘并换发新证。部分地方劳动保障行政部门过去以劳动保障协察员、助理劳动保障监察员等名义聘请的劳动保障法律监督人员，在今后续聘时应使用劳动保障法律监督员称谓，统一颁发劳动保障法律监督员证。

五、劳动保障行政部门劳动保障监察机构具体负责劳动保障法律监督员管理工作，主要内容是：根据工作需要召开劳动保障法律监督员座谈会，通报贯彻实施劳动保障法律法规情况；及时调查处理劳动保障法律监督员反映的违法问题，并向其通报调查处理结果；建立劳动保障法律监督员工作档案，定期考核和通报本人工作情况；加强对劳动保障法律监督员的培训，不断提高他们的政治素质和业务素质。

六、各级劳动保障行政部门要重视聘请劳动保障法律监督员的工作，把这项工作作为建立和完善劳动保障法律监督制度的重要工作来抓。加强与有关部门和工会、妇联、共青团组织的配合与协作，不断探索开展劳动保障法律监督的形式和途径，共同推进劳动保障法律法规的贯彻实施。

中华全国总工会　最高人民法院 关于协同推进“一函两书”工作的通知

（2024年3月26日）

各省、自治区、直辖市总工会、高级人民法院，解放军军事法院，新疆维吾尔自治区高级人民法院生产建设兵团分院：

为贯彻落实新时代“枫桥经验”实践要求，落实《最高人民法院　中华全国总工会工作交流会商会会议纪要》有关部署，有效预防和化解劳动领域矛盾纠纷，充分发挥工会与人民法院各自优势，增强“一函两书”落地效能，推动劳动纠纷诉源治理，现就工会与人民法院协同推进“一函两书”工作通知如下。

一、主要目标

以习近平新时代中国特色社会主义思想为指导，全面贯彻落实党的二十大精神，牢牢把握新时代“枫桥经验”的科学内涵和实践要求，通过协同推进“一函两书”工作，发挥工会贴近职工、贴近一线，在发现和掌握劳动领域风险隐患中的重要作用，立足人民法院专业优势，发挥能动司法作用，形成工作合力，进一步提高协作质效，健全工作机制，推动劳动法律法规贯彻执行，服务经济社会高质量发展。

二、基本内容

本通知中“一函两书”是指《工会劳动法律监督提示函》、《工会劳动法律监督意见书》和《工会劳动法律监督建议书》。适用范围主要是：用人单位劳动规章制度的制定、修改、执行情况；劳动合同、劳动报酬、工作时间、休息休假等法律制度执行情况；安全生产、职业病防治等法律制度执行情况；劳动者参加和组织工会等权利落实及工会工作人员履职保护等法律制度执行情况。

三、工作举措

（一）建立双向通报和信息共享机制。

围绕元旦、春节等重要时间节点，聚焦欠薪、违法安排超时加班等突出问题，县级以上地方总工会与同级人民法院建立重大 / 敏感信息预警机制。工会发现劳动用工违法线索、重大敏感信息，向用人单位发出《工会劳动法律监督提示函》、《工会劳动法律监督意见书》时，可同步将相关信息通报人民法院。人民法院就案件审理中发现的劳动权益保护类型化问题、重大敏感问题，及时向同级工会通报，加强矛盾纠纷预防化解指导；支持工会发布公开提示函，提醒、警示用人单位遵守劳动法律法规，推动劳动领域存在法律风险的普遍性问题实现诉源治理。

（二）探索建立司法建议与工会监督衔接机制。

人民法院可以根据辖区内类案办理情况，针对劳动用工违法行为等突出问题向有关用人单位发出司法建议书。人民法院可将司法建议书同步抄送用人单位所在地的县级以上地方总工会，县级以上地方总工会可以运用“一函两书”开展监督，并将结果及时反馈人民法院。工会和人民法院要强化工作协同，加强涉及新就业形态劳动者、老年劳动者、女性劳动者、农民工等群体权益的司法保障和劳动法律监督。鼓励和引导当事人通过非诉讼方式解决纠纷，积极预防和妥善化解劳动关系领域重大风险，维护劳动关系和谐与社会稳定。

（三）加强业务指导与培训。

县级以上地方总工会发出《工会劳动法律监督意见书》后，用人单位仍拒不改正违法用工行为的，工会可以积极协调检察机关支持劳动者提出权益维护诉求，人民法院依法公正高效审理劳动争议案件，不断提升审判质量和效率。县级以上地方总工会可以商请人民法院派员开展业务指导，对工会劳动法律监督员队伍开展业务培训，提升工会依法开展劳动法律监督的能力水平。

四、工作要求

地方各级总工会、人民法院要牢牢把握新时代“枫桥经验”

的丰富内涵和实践要求，以全面推行“一函两书”为抓手，立足工作实际，加强协作配合，将有关情况定期报各自上级单位，形成上下联动、层层推进的工作格局。全国总工会与最高人民法院每年对“一函两书”实施情况进行总结和通报，联合评选典型案例、优秀文书，进行宣传推广。

各省级总工会、人民法院可以依据本通知，结合本地区实际制定具体工作方案。

最高人民检察院　中华全国总工会关于协同推进运用“一函两书”制度保障劳动者权益工作的通知

（2024 年 2 月 7 日）

各省、自治区、直辖市人民检察院、总工会：

为深入贯彻落实党的二十大精神和习近平总书记在同全国总工会新一届领导班子成员集体谈话时的重要讲话精神，牢牢把握新时代“枫桥经验”的科学内涵和实践要求，充分发挥检察机关与工会在维护劳动者合法权益、构建和谐劳动关系中协同作用，有效预防和化解劳动领域矛盾纠纷，及时纠正用工违法行为，特别是推动根治欠薪、违法安排超时加班等社会关注问题，切实维护好劳动者的合法权益，现就检察机关与工会协同推进运用“一函两书”制度保障劳动者权益等工作通知如下。

一、“一函两书”制度基本内涵

本通知所指“一函两书”制度，是工会及相关单位为提醒用人单位落实好劳动法律法规，或纠正其违法劳动用工行为而适用相关文书的制度简称。“一函”指的是劳动法律监督提示函，“两书”指的是劳动法律监督意见书和劳动法律监督建议书。“一函两书”制度重在源头预防，目的是通过协调协商方式将劳动关系矛盾纠纷化解在基层，化解在萌芽状态。

二、主要目标

发挥检察机关法律监督职能优势和工会在发现、排查劳动领域风险隐患中的第一道防线作用，立足预防、立足调解、立足法治、立足基层，落实“枫桥经验”关于预防在前、调解优先、运用法治、就地解决矛盾纠纷等要求，凝聚工作合力，进一步提高检察机关与工会的协作配合质效，健全工作机制，推动劳动法律法规贯彻执行，保障劳动者合法权益，推动构建和谐劳动关系，促进社会和谐稳定。

三、“一函两书”制度适用范围

（一）用人单位涉及职工利益的内部规章制度的制定、修改、执行情况；工资集体协商和集体合同制度的建立和执行情况；职工代表大会制度的建立和落实情况；

（二）劳动合同的订立、履行、变更、解除和终止情况；劳动报酬分配、调整、支付和社会保险、福利待遇的落实情况；工作时间、休息和休假制度的执行情况；

（三）安全生产、职业病防治等劳动安全卫生的执行情况；

女职工、未成年工、残疾职工及老年劳动者特殊权益保护的情况；职工教育培训及其经费提取、使用的情况；

（四）劳务派遣单位和用工单位遵守劳动法律法规、保障被派遣人员合法权益的情况；

（五）用人单位违反《工会法》，阻挠劳动者参加和组织工会，或因工会工作人员依法履职进行打击报复、解除劳动合同等情况；

（六）法律法规规定的其他情况。

四、检察监督与“一函两书”衔接协作

（一）加强事前监督和风险提示

工会劳动法律监督委员会认为用人单位可能违反或者出现违反有关劳动法律法规情况时可以给予口头提示、沟通协商；必要时，发出《工会劳动法律监督提示函》。检察机关可就发现或掌握的劳动用工违法线索与工会及时会商，推动问题解决。工会在“两节”等重要时间节点，聚焦治理欠薪、违法安排超时加班等重点问题，可面向本地区相关用人单位公开发布《工会劳动法律监督提示函》。各级检察机关可结合法律监督职能，就办案中发现的重点问题面向本地区发布相应法律风险提示或合规倡议，提醒、警示企业遵守相关劳动法律法规，推动企业依法合规健康发展。

（二）协同协作保护劳动者权益

按照“一函两书”制度要求，当用人单位存在违反劳动法律法规、侵害职工合法权益行为，与用人单位经提示、协商无效的，由该用人单位所在地县级以上总工会向用人单位发出《工会劳动法律监督意见书》，提出改正意见。涉及新就业形态劳动者和女性、未成年、残疾、老年劳动者等重点群体权益，或者涉及社保欠缴、拖欠农民工工资等群体性纠纷且用人单位不予配合的，县级以上总工会可同时将《工会劳动法律监督意见书》抄送同级检察机关，并移送相关线索材料，由检察机关依法启动法律监督程序，各级工会应当积极配合检察机关开展办案工作，通过个案办理推动类案监督促进综合治理，共同维护劳动者合法权益。检察机关在办理涉及劳动者权益保护的案件时，可以将相关法律文书抄送同级地方总工会，协同协作推进案件办理。

（三）促进依法行政

用人单位无正当理由未在规定期限内答复，或者无正当理由拒不改正的，地方总工会向同级政府执法部门发出《工会劳动法律监督建议书》，可同时抄送同级检察机关，并移送相关线索材料，由检察机关依法开展法律监督，支持工会代表劳动者提出的权益维护诉求。县级以上总工会可商请同级检察机关派员提前介入办理劳动者权益维护相关工作，推动依法解决社保欠缴、农民工工资拖欠等问题，加强对损害国家利益或者社会公共利益、严重损害劳动者合法权益、造成重大社会影响等违法行为的监督。对于某地区一定时期内违法用工案件多发、频发，或者已发生的案件暴露出明显的劳动用工管理监督漏洞，需要督促行业主管部门加强和改进管理监督工作的；或政府执法部门不依法及时履行职责，致使劳动者合法权益受到损害或者存在损害危险，需要及时整改消除等情形，检察机关可以向有关单位和部门提出检察建议。

五、工作要求

（一）加强组织领导。各级检察机关、工会要进一步提高认识，深入贯彻落实习近平法治思想，深刻领会党的二十大精神，以全面推行“一函两书”制度为抓手，立足工作实际，加强协作配合，形成上下联动、层层推进的工作格局，切实维护好劳动者合法权益，推动构建和谐劳动关系，服务经济高质量发展。

（二）落实目标责任。各级检察机关、工会应切实加强领导，主动组织实施，积极开展工作。定期进行分析，认真总结经验，及时发现问题，并将有关情况报各自上级主管单位。必要时，各级检察机关与工会可联合组织开展劳动法律监督专项执法检查行动。最高检与全国总工会每年对“一函两书”实施情况进行总结和通报，联合评选典型案例、优秀文书并宣传推广。各级工会要建立“一函两书”工作台账，工会发出的提示函、意见书、建议书应当一式两份，作好档案管理。

（三）加强沟通协作。各级工会要紧密结合自身职责，主动加强与当地检察机关及政府各相关部门的沟通协作，切实发挥好各方面积极性，形成合力，协调推进。各级检察机关、工会要坚持上下联动，加强上下业务交流，对落实中存在的问题及时研究、协调解决，有计划、有步骤地全面推行“一函两书”制度。按照重心下移、监督力量下沉要求，加强基层检察院和基层工会运用“一函两书 ”制度规范化建设。有条件的地方工会可先行先试，探索建立“一函两书”数据库，打通数据壁垒，让数据为劳动法律监督工作赋能。

各省级检察机关、总工会可以依据本意见，结合本地区实际制定实施细则。

中华全国总工会办公厅关于印发《工会劳动法律监督办法》的通知

（2024 年 2 月 27 日）

各省、自治区、直辖市总工会，各全国产业工会，中央和国家机关工会联合会，全总各部门、各直属单位：

修改后的《工会劳动法律监督办法》已经中华全国总工会第十八届书记处第 8 次会议审议通过，现印发给你们，请遵照执行。

工会劳动法律监督办法

（2024 年 2 月 21 日 修改）

第一章 总 则

第一条 为保障和规范工会劳动法律监督工作，维护职工合法权益，推动构建和谐劳动关系，根据宪法和《中华人民共和国工会法》、《中华人民共和国劳动法》、《中华人民共和国劳动合同法》及《中国工会章程》等有关规定，制定本办法。

第二条 工会劳动法律监督，是工会依法对劳动法律法规执行情况进行的有组织的群众监督，是我国劳动法律监督体系的重要组成部分。

第三条 工会劳动法律监督工作应当遵循依法规范、客观公正、依靠职工、协调配合的原则。

第四条 中华全国总工会负责全国的工会劳动法律监督工作。

县级以上地方总工会负责本行政区域内的工会劳动法律监督工作。

乡镇（街道）工会、开发区（工业园区）工会、区域性、行业性工会联合会等负责本区域或本行业的工会劳动法律监督工作。

用人单位工会负责本单位的工会劳动法律监督工作。

第五条 上级工会应当加强对下级工会劳动法律监督工作的指导和督促检查。

涉及工会劳动法律监督的重大事项，或者开展工会劳动法律监督工作有困难的，下级工会应当及时向上级工会报告，上级工会应当及时给予指导帮助。对上级工会交办的劳动法律监督事项，下级工会应当及时办理并报告。

必要时，上级工会可以代行下级工会的劳动法律监督职责。

第六条 工会应当积极配合有关部门，对政府部门贯彻实施劳动法律法规的情况进行监督。

第七条 有关劳动安全卫生、社会保险等各类专业监督检查，已有相关规定的，按规定执行。

第二章 监督职责

第八条 工会开展劳动法律监督，依法享有下列权利：

（一）监督用人单位遵守劳动法律法规的情况；

（二）调查侵犯职工合法权益的问题；

（三）提出意见要求依法改正；

（四）提请政府或者有关执法部门依法处理；

（五）支持和帮助职工依法行使劳动法律监督权利；

（六）法律法规规定的其他劳动法律监督权利。

第九条 工会对用人单位的下列情况实施监督：

（一）执行国家有关就业规定的情况；

（二）执行国家有关订立、履行、变更、解除劳动合同规定的情况；

（三）开展集体协商，签订和履行集体合同的情况；

（四）执行国家有关工作时间、休息、休假规定的情况；

（五）执行国家有关工资报酬规定的情况；

（六）执行国家有关各项劳动安全卫生及伤亡事故和职业病处理规定的情况；

（七）执行国家有关女职工和未成年工特殊保护规定的情况；

（八）执行国家有关职业培训和职业技能考核规定的情况；

（九）执行国家有关职工保险、福利待遇规定的情况；

（十）执行国家有关支持劳动者参加和组织工会规定的情况；

（十一）执行企事业单位民主管理有关规定的情况；

（十二）制定、修改劳动规章制度或者决定重大事项的情况；

（十三）法律法规规定的其他劳动法律监督事项。

第十条 工会重点监督用人单位恶意欠薪、违法超时加班、违法裁员、未缴纳或未足额缴纳社会保险费、侮辱体罚、强迫劳动、就业歧视、使用童工、侵犯女职工特殊权益、损害职工健康等行为。对发现的有关问题线索，应当调查核实，督促整改，并及时向上级工会报告；对职工申请仲裁、提起诉讼的，工会应当依法给予支持和帮助。

各级工会应当加强对平台企业和平台用工合作企业、劳务派遣用工的法律监督。

第十一条 工会应当加强法治宣传，引导用人单位依法用工，教育职工依法理性表达合理诉求。

第十二条 工会建立隐患排查、风险研判和预警发布等制度机制，加强劳动关系矛盾预防预警、信息报送和多方沟通协商，把劳动关系矛盾风险隐患化解在基层、化解在萌芽状态。

第十三条 县级以上地方总工会经同级人大、政协同意，可以参加其组织的劳动法律法规执法检查、视察。

第三章　监督组织

第十四条　县级以上总工会设立工会劳动法律监督委员会，在同级工会领导下开展工会劳动法律监督工作。工会劳动法律监督委员会的日常工作由工会有关部门负责。

基层工会设立劳动法律监督委员会或监督小组。工会劳动法律监督委员会受同级工会委员会领导。

工会劳动法律监督委员会任期与本级工会任期相同。

第十五条　县级以上工会劳动法律监督委员会委员由相关业务部门的人员组成，也可以聘请社会有关人士参加。

基层工会劳动法律监督委员会委员或监督小组成员从工会工作者和职工群众中推选产生。

第十六条　工会劳动法律监督委员会可以聘任若干劳动法律监督员。工会劳动法律监督委员会成员同时为本级工会劳动法律监督员。

第十七条　工会劳动法律监督员应当具备以下条件：

（一）具有较高的政治觉悟，热爱工会工作；

（二）熟悉劳动法律法规，具备履职能力；

（三）公道正派，热心为职工群众说话办事；

（四）奉公守法，清正廉洁。

第十八条　工会劳动法律监督员实行先培训合格、后持证上岗制度。工会劳动法律监督员由县级以上总工会负责培训，对考核合格的，颁发《工会劳动法律监督员证书》。证书样式由中华全国总工会统一制定。

第十九条 各级工会应当建立有关制度和信息档案，对工会劳动法律监督员进行实名制管理，具体工作由工会有关部门负责。

第二十条 工会可以聘请人大代表、政协委员、专家学者、社会人士等作为本级工会劳动法律监督委员会顾问，也可以通过聘请律师、购买服务等方式为工会劳动法律监督委员会提供法律服务。

第四章 监督实施

第二十一条 基层工会对本单位遵守劳动法律法规的情况实行监督，对劳动过程中发生的违反劳动法律法规的问题，应当及时向生产管理人员提出改进意见；对于严重损害劳动者合法权益的行为，基层工会在向单位行政提出意见的同时，可以向上级工会和当地政府有关主管部门报告，提出查处建议。

第二十二条 工会建立健全劳动法律监督投诉制度，对实名投诉人个人信息应当予以保密。

第二十三条 上级工会收到对用人单位违反劳动法律法规行为投诉的，应当及时转交所在用人单位工会受理，所在用人单位工会应当开展调查，于三十个工作日内将结果反馈实名投诉人，并报上级工会。对不属于监督范围或者已经由行政机关、仲裁机构、人民法院受理的投诉事项，所在用人单位工会应当告知实名投诉人。

第二十四条 工会在处理投诉或者日常监督工作中发现用人单位存在违反劳动法律法规、侵害职工合法权益行为的，可以进行现场调查，向有关人员了解情况，查阅、复制有关资料，核查事实。

第二十五条 工会劳动法律监督员对用人单位进行调查时，应当不少于2人，必要时上级工会可以派员参与调查。

工会劳动法律监督员执行任务时，应当将调查情况在现场如实记录，经用人单位核阅后，由调查人员和用人单位的有关人员共同签名或盖章。用人单位拒绝签名或盖章的，应当在记录上注明。

工会劳动法律监督员调查中应当尊重和保护个人信息，保守用人单位商业秘密。

第二十六条 工会主动监督中发现违反劳动法律法规、侵害职工合法权益行为的，应当代表职工要求用人单位整改。对于职工的投诉事项，经调查认为用人单位不存在违反劳动法律法规、侵害职工合法权益行为的，应当向职工说明。

第二十七条 用人单位违反劳动法律法规、侵害职工合法权益，经协商沟通解决不成的，由基层工会或工会劳动法律监督组织向用人单位发出《工会劳动法律监督提示函》。

县级以上地方总工会可以就本区域带有普遍性的问题，公开发布《工会劳动法律监督提示函》。

经《工会劳动法律监督提示函》提示或沟通无效的，根据实际情况，由县级以上地方总工会向用人单位发出《工会劳动法律监督意见书》，也可以由基层工会或工会劳动法律监督组织向用人单位发出《工会劳动法律监督意见书》。

用人单位收到《工会劳动法律监督意见书》后，应在三十个工作日内作出书面答复。用人单位未在规定期限内答复，或者无正当理由拒不改正的，由基层工会或工会劳动法律监督组织提请县级以上地方总工会向同级人民政府有关执法部门发出《工会劳动法律监督建议书》，并提供相关材料。

第五章 监督保障

第二十八条 工会开展劳动法律监督活动所需经费纳入本级工会预算。

第二十九条 地方工会可以结合实际，建立非公有制企业工会劳动法律监督员配套补助制度。

第三十条 各级工会应当为工会劳动法律监督员履职提供必要条件。工会劳动法律监督员因依法履职受到打击报复的，有权向本级或上级工会反映，上级工会应当及时给予支持和帮助，依法维护其合法权益。

第六章　附　则

第三十一条　本办法由中华全国总工会负责解释。

第三十二条　本办法自印发之日起施行。

陕西省实施《中华人民共和国工会法》办法

（1994 年 1 月 10 日陕西省第八届人民代表大会常务委员会第四次会议通过　2002 年 9 月 29 日陕西省第九届人民代表大会常务委员会第三十二次会议第一次修订　2010 年 3 月 26 日陕西省第十一届人民代表大会常务委员会第十三次会议修正　2025 年 5 月 28 日陕西省第十四届人民代表大会常务委员会第十六次会议第二次修订）

目　录

第一章　总　则

第一条　为了实施《中华人民共和国工会法》，根据有关法律、行政法规，结合本省实际，制定本办法。

第二条　本省行政区域内的企业、事业单位、机关、社会组织（以下统称用人单位）和工会，应当遵守本办法。

第三条　工会是中国共产党领导的职工自愿结合的工人阶级群众组织，是中国共产党联系职工群众的桥梁和纽带。

用人单位应当支持工会依法独立自主地开展工作。工会的合法权益受法律保护，任何组织和个人不得侵犯。

第四条　用人单位中以工资收入为主要生活来源的劳动者，不分民族、种族、性别、职业、宗教信仰、教育程度，都有依法参加和组织工会的权利。

任何组织和个人不得以户籍、就业期限、就业形式或者其他理由，也不得以解除劳动合同、降低工资、不缴纳社会保险费或者其他手段，阻挠、限制劳动者依法参加和组织工会。

工会适应企业组织形式、职工队伍结构、劳动关系、就业形态等方面的发展变化，依法维护劳动者参加和组织工会的权利。

第五条　工会必须遵守和维护宪法，以宪法为根本的活动准则，以经济建设为中心，坚持社会主义道路，坚持人民民主专政，坚持中国共产党的领导，坚持马克思列宁主义、毛泽东思想、邓小平理论、“三个代表”重要思想、科学发展观、习近平新时代中国特色社会主义思想，坚持改革开放，保持和增强政治性、先进性、群众性，依照《中国工会章程》独立自主地开展工作。

第六条 维护职工合法权益、竭诚服务职工群众是工会的基本职责。

工会通过平等协商和集体合同制度等，推动健全劳动关系协调机制，维护职工劳动权益，构建和谐劳动关系。

工会依照法律规定通过职工代表大会或者其他形式，组织职工参与本单位的民主选举、民主协商、民主决策、民主管理和民主监督。

工会建立联系广泛、服务职工的工作体系，密切联系职工，听取和反映职工的意见和要求，关心职工的生活，帮助职工解决困难，全心全意为职工服务。

工会通过开展劳动法律监督、参与劳动争议处理、向职工提供法律援助等，维护职工合法权益。

第七条 工会推动产业工人队伍建设改革，提高产业工人队伍整体素质，发挥产业工人骨干作用，维护产业工人合法权益，保障产业工人主人翁地位，建设一支知识型、技能型、创新型产业工人队伍。

第八条 工会应当会同用人单位加强对职工的思想政治引领，引导职工践行社会主义核心价值观，教育职工以国家主人翁态度对待劳动，爱护国家和单位财产，弘扬劳模精神、劳动精神、工匠精神；组织职工立足本职岗位建功立业，开展文化技术学习和培训，开展劳动和技能竞赛活动，开展群众性的合理化建议活动，培育选树工匠人才、创新人才、技术能手等优秀职工；推动职业安全健康教育和劳动保护工作，组织职工参加职业教育和文化体育活动。

第九条 工会应当加强数智化建设，运用互联网、大数据和人工智能等信息技术，推动建会入会、维权服务等工作线上线下融合互动，创新服务职工方式。

第二章 工会组织

第十条 各级工会组织依照《中华人民共和国工会法》和《中国工会章程》规定的条件和程序建立。

上级工会组织领导下级工会组织，建立工会组织应当报上一级工会批准。

未依照《中华人民共和国工会法》和《中国工会章程》组建的组织，不得以工会的名义开展活动，不得替代工会行使职权。

第十一条 省、设区的市、县（市、区）建立总工会。

企业职工较多的乡镇（街道）可以建立基层工会联合会。具备条件的乡镇（街道）可以建立总工会。

同一行业或者性质相近的几个行业，可以根据需要建立地方产业工会。

开发区（工业园区）、村（社区）根据职工规模及产业特点，可以建立与其相适应的工会组织。

县级以上总工会应当推动建立区域性、行业性工会联合会，推进新经济组织、新社会组织、新就业群体工会组织建设。

第十二条 用人单位工会有会员二十五人以上的，应当建立基层工会委员会；不足二十五人的，可以单独建立基层工会委员会，也可以由两个以上单位的会员联合建立基层工会委员会，也可以选举组织员一人，组织会员开展活动。

各级工会建立经费审查委员会，工会经费审查委员会由工会会员大会或者会员代表大会民主选举产生。

用人单位工会有女职工十人以上的，可以建立工会女职工委员会，在同级工会领导下开展工作；不足十人的，可以按照规定设女职工委员。工会女职工委员会委员由同级工会委员会提名，在充分协商的基础上产生，也可以召开女职工大会或者女职工代表大会选举产生。

第十三条 工会各级组织按照民主集中制原则建立。上级工会可以派员指导和帮助职工组建工会，发展会员，用人单位应当给予支持和帮助。

任何组织和个人不得随意撤销、合并工会组织，也不得把工会组织的工作机构撤销、合并或者归属到其他部门。

第十四条 县级以上总工会推动平台企业、平台用工合作企业按照国家规定建立工会组织，积极吸纳新就业形态劳动者加入工会。

新就业形态劳动者、灵活就业劳动者可以按照规定加入平台企业、平台用工合作企业的工会，也可以加入工作地或者居住地的工会或者区域性、行业性工会联合会。

被派遣劳动者有权依法加入劳务派遣单位或者用工单位的工会。

第十五条 职工二百人以上的企业、事业单位、社会组织工会，可以设专职工会主席或者副主席。

企业、事业单位、社会组织工会专职工作人员的具体人数由工会与企业、事业单位、社会组织协商确定。企业工会专职工作人员可以按不低于职工总数的千分之三配备。

第十六条 各级工会委员会由会员大会或者会员代表大会民主选举产生。

各级地方总工会委员会和产业工会委员会每届任期五年。基层工会委员会每届任期三年或者五年，具体任期由会员大会或者会员代表大会决定。任期届满应当按期换届。

企业主要负责人的近亲属不得作为本企业基层工会委员会成员的人选。

第十七条 基层工会委员会应当每年至少组织召开一次会员大会或者会员代表大会，审议和批准基层工会委员会、经费审查委员会的工作报告、经费收支预算决算情况报告，选举、补选或者罢免基层工会委员会和经费审查委员会组成人员、会员代表，讨论决定基层工会工作其他重大事项。

经基层工会委员会或者三分之一以上的工会会员提议，可以临时召开会员大会或者会员代表大会。

第十八条 工会主席、副主席任期未满时，不得随意调动其工作。因工作需要调动其工作或者本人提出辞去工会职务的，应当征得本级工会委员会同意，并由本级工会委员会报上一级工会批准。工会主席、副主席缺额时，应当及时补选，空缺时间最长不得超过六个月。

第十九条 基层工会专职主席、副主席、委员自任职之日起，其劳动合同期限自动延长，延长期限与其任职期间相同，其任职期满后，不再担任工会职务时，原劳动合同剩余期限继续履行；非专职主席、副主席或者委员自任职之日起，其尚未履行的劳动合同期限短于任期的，劳动合同期限自动延长至任期期满。但是，任职期间个人严重过失或者达到法定退休年龄的除外。

第三章 工会的权利和义务

第二十条 县级以上人民政府与同级总工会应当建立联席会议制度，通报政府的重要工作部署和与工会工作有关的行政措施，听取工会的意见，协商解决关系职工群众利益的重大问题及其他共同关心的问题。联席会议每年至少召开一次。

县级以上人民政府及其有关部门在研究制定涉及职工切身利益的重大政策或者措施时，应当吸收同级工会参加，听取其意见。

第二十一条 企业、事业单位、社会组织违反职工代表大会制度和其他民主管理制度，工会有权要求纠正，保障职工依法行使民主管理的权利。

法律、法规规定应当提交职工大会或者职工代表大会审议、通过、决定的事项，企业、事业单位、社会组织应当依法办理。

第二十二条 县级以上人力资源社会保障部门应当会同同级工会和企业方面代表，建立劳动关系三方协商机制，定期召开协商会议，就劳动法律法规的执行、政策的制定和调整、劳动标准的确定以及集体劳动争议等进行研究、分析，协商解决涉及劳动关系的各项重大问题。

第二十三条 工会指导、帮助职工与企业、实行企业化管理的事业单位、社会组织签订劳动合同，对劳动合同的订立、履行、变更、解除、终止情况进行监督。

第二十四条 工会代表职工与企业、实行企业化管理的事业单位、社会组织就劳动报酬、工作时间、休息休假、劳动安全卫生、保险福利等涉及职工切身利益的重大事项进行平等协商，依法签订集体合同。集体合同草案应当提交职工代表大会或者全体职工讨论通过。

企业、实行企业化管理的事业单位、社会组织工会应当将县级以上人力资源社会保障部门审查通过的集体合同报同级总工会。

第二十五条 工会和人力资源社会保障、交通运输、市场监督管理、邮政、网信等部门和单位应当按照职责推动平台企业、平台用工合作企业建立健全协商机制，督促相关行业、平台企业科学确定新就业形态劳动者、灵活就业劳动者的工作量、劳动强度等，依法加强职业伤害保障，引导和支持新就业形态劳动者、灵活就业劳动者根据自身情况参加相应的社会保险，保障其合法权益。

工会可以依法组织新就业形态劳动者与平台企业、平台用工合作企业就劳动合同或者书面协议签订、进入退出平台、订单和收益分配、奖励与违约责任等事项开展协商。

第二十六条 企业、事业单位、社会组织处分职工时，工会认为不适当的，有权提出意见。

用人单位单方面解除职工劳动合同时，应当事先将理由通知工会，工会认为用人单位违反法律、法规和有关合同，要求重新研究处理时，用人单位应当研究工会的意见，并将处理结果十五日内书面通知工会。

第二十七条 工会发现企业、事业单位、社会组织违反劳动法律、法规，侵害职工合法权益的，可以依照《陕西省工会劳动法律监督条例》和有关法律、法规规定，提请同级人民政府及有关部门处理。

第二十八条 工会按照国家规定对新建、扩建企业和技术改造工程中的劳动条件和安全卫生设施与主体工程同时设计、同时施工、同时投产使用进行监督。对工会提出的意见，企业或者主管部门应当认真处理，并将处理结果书面通知工会。

第二十九条 工会发现企业违章指挥、强令冒险作业或者在生产过程中发现明显重大事故隐患和职业危害，有权提出解决的建议，企业应当及时研究答复；发现危及职工生命安全时，有权向企业建议组织职工撤离危险现场，企业应当及时作出处理决定。

第三十条 用人单位发生职工因工伤亡事故或者其他严重危害职工健康问题时，应当立即报告有关部门并通报同级工会；重大伤亡事故，同时报县级以上总工会。对隐瞒不报、谎报或者拖延报告的，工会有权提请应急管理、卫生健康部门依法处理。

工会应当依法参加生产安全事故调查，向有关部门提出处理意见；对工会提出的意见，有关部门应当及时研究答复。

第三十一条 工会依法参加本单位的劳动争议调解工作。

企业、实行企业化管理的事业单位、社会组织可以建立劳动争议调解委员会或者设立劳动争议调解员。调解委员会主任由工会成员或者双方推举的人员担任。

县级以上人民政府设立的劳动争议仲裁组织应当有同级总工会代表参加。

工会应当会同有关部门推动劳动争议调解与仲裁、诉讼相衔接，发挥参与劳动争议多元化解的职能作用。

第三十二条　县级以上总工会应当建立健全工会法律服务工作机制，推进工会法律服务队伍建设，加强与法律援助机构、律师的合作，为所属工会和职工提供法律服务。

第三十三条　工会与有关部门按照国家有关规定，共同做好劳动模范和先进生产（工作）者的评选、表彰、培养和管理工作。

第三十四条　工会应当协助人民政府开展就业培训、职业介绍，拓宽就业门路，帮助失业人员再就业。

工会应当关心职工生活，协助所在单位办好职工集体福利事业，在职工中开展互助互济活动，对困难职工进行救济和帮扶。各级人民政府和用人单位应当对工会在困难职工中开展的救济、帮扶活动给予支持。

第三十五条　工会应当推动户外劳动者服务驿站、货车司机之家、母婴关爱室、职工书屋、工人文化宫等设施建设。

工会可以通过购买社会服务、开展志愿活动等方式，为职工提供疗休养、托育托管、婚恋交友、心理咨询等服务，提升职工生活品质。

第四章　基层工会组织

第三十六条　企业、事业单位、社会组织应当建立健全职工大会或者职工代表大会以及其他形式的民主管理制度。

工会委员会是职工大会或者职工代表大会的工作机构，负责职工大会或者职工代表大会的日常工作。

第三十七条 企业、事业单位、社会组织研究经营管理和发展的重大问题，应当听取工会的意见；召开会议讨论有关工资、福利、劳动安全卫生、工作时间、休息休假、女职工保护和社会保险等涉及职工切身利益的问题，应当有工会代表参加。对工会提出的意见建议，企业、事业单位、社会组织应当及时研究答复。

企业、事业单位、社会组织应当支持工会依法开展工作，工会应当支持企业、事业单位、社会组织依法行使经营管理权。

第三十八条 公司董事会、监事会中的职工代表，由工会组织职工通过职工大会、职工代表大会或者其他形式民主选举产生。工会主席、副主席应当作为职工董事、职工监事候选人人选。工会应当维护董事会、监事会中职工代表的合法权益，支持其履行职责。

第三十九条 基层工会的非专职委员占用生产或者工作时间参加会议或者从事工会工作，每月不超过三个工作日，其工资及其他待遇不受影响；其占用生产或者工作时间参加上级工会组织的业务培训或者依法从事劳动法律监督、劳动争议调解、集体协商等工作，经与所在单位协商一致，可以不受三个工作日限制。

第五章 工会的经费和财产

第四十条 工会会员应当按照有关标准按月缴纳会费。

建立工会组织的用人单位按每月全部职工工资总额的百分之二向工会拨缴经费。

县级以上总工会可以与税务部门合作，做好工会经费收缴工作。

尚未建立工会组织的用人单位，自上级工会批准筹建工会的次月起，按全部职工工资总额的百分之二向上级工会拨缴建会筹备金，待工会建立后，按照规定返还给该工会。

第四十一条 工会应当根据经费独立原则，建立预算、决算和经费审查监督、绩效评价制度。

工会应当依法单独设立工会经费账户，独立管理工会经费。

第四十二条 企业、事业单位和社会组织无正当理由拖延或者拒不拨缴工会经费的，基层工会或者上级工会可以向其催缴，限期缴纳；逾期仍不缴纳的，可以依法向人民法院申请支付令；拒不执行支付令的，工会可以依法申请人民法院强制执行。

第四十三条 工会经费审查委员会依法对同级工会及其所属企业、事业单位和下一级工会的经费收支情况、财产管理情况等实行审查监督。

工会经费的审计工作，应当依照法律、法规和国家有关规定进行。

第四十四条 各级人民政府和用人单位应当为同级工会组织提供用于办公和开展活动的房屋、场地和设施等物质条件，根据实际情况可以给予同级工会适当补助，以弥补其经费的不足。

县级以上总工会所属的工人文化宫等，依法享受同类公共文化设施待遇。

第四十五条 工会的财产、经费和国家拨给工会使用的不动产，任何组织和个人不得侵占、挪用和任意调拨。

工会依法加强对工会资产的监督管理，保护工会资产不受损害，促进工会资产保值增值，并按照国家有关规定对工会资产进行资产清查、登记和管理。

工会的经费和工会用自有资金兴建、购置的房屋、设备、设施等固定资产属于工会所有。工会所属企业、事业单位，其隶属关系非经法定程序不得改变。

不得将工会的财产、经费作为该工会所在单位的财产、经费予以冻结、查封、扣押、清偿债务。法律、行政法规另有规定的，从其规定。

第四十六条 工会相关设施和活动场所的使用和管理应当坚持公益性、服务性原则，可以按照国家和本省有关规定实行社会化、市场化运作，更好服务职工群众。

工会按照规定收取的费用，应当用于设施和活动场所的维护、管理和工会事业发展，不得挪作他用。

第四十七条　工会组织合并、分立或者依法撤销，其财产、经费按照下列情形处理：

（一）工会组织合并的，归合并后的工会所有；

（二）工会组织分立的，按照规定比例合理分配；

（三）工会组织依法撤销的，应当进行清算，剩余部分移交上一级工会处置。

第四十八条　县级以上总工会、产业工会及其所属事业单位的在职职工、离休、退休人员的社会保险和其他待遇，按照国家和本省的有关规定执行。

第六章　法律责任

第四十九条　工会对违反本办法规定侵犯其合法权益的，有权提请人民政府或者有关部门予以处理，或者向人民法院提起诉讼。

第五十条　违反本办法规定，有下列情形之一的，由人力资源社会保障部门责令其限期改正；拒不改正的，由人力资源社会保障部门提请县级以上人民政府处理：

（一）阻挠、限制职工依法参加和组织工会的；

（二）阻挠上级工会派员指导和帮助职工组建工会的；

（三）阻挠、限制工会开展劳动法律监督工作的；

（四）其他阻挠、限制工会和职工依法行使职权的行为。

以暴力、威胁等手段阻挠造成严重后果，违反治安管理的，由公安机关依照《中华人民共和国治安管理处罚法》处罚；构成犯罪的，依法追究刑事责任。

第五十一条 工会工作人员违反本办法规定，损害职工或者工会权益的，由同级工会或者上级工会责令改正，或者予以处分；情节严重的，依照《中国工会章程》予以罢免；造成损失的，应当承担赔偿责任；构成犯罪的，依法追究刑事责任。

第五十二条 违反本办法规定的其他行为，依照《中华人民共和国工会法》和有关法律、法规规定处理。

第七章 附 则

第五十三条 本办法自 2025 年 7 月 1 日起施行。

陕西省工会劳动法律监督员管理办法（试行）

第一章 总 则

第一条 为进一步规范工会劳动法律监督员的管理，充分发挥工会劳动法律监督员的作用，增强工会劳动法律监督工作实效，根据《陕西省工会劳动法律监督条例》《工会劳动法律监督办法》及有关规定，结合本省实际，制定本办法。

第二条 本办法所称的工会劳动法律监督员，是指各级工会组织推选或聘任的在工会劳动法律监督组织中从事劳动法律监督工作的专职、兼职人员，是工会履行劳动法律监督职责的具体执行者。

第二章 工会劳动法律监督员推选和聘任

第三条 工会劳动法律监督员通过推选或聘任产生，经县级以上地方总工会或者省级产业工会培训、考核合格，并领取《工会劳动法律监督员证》后正式履职。

第四条 县级以上总工会劳动法律监督委员会委员为本级工会劳动法律监督员。县级以上总工会劳动法律监督员可以从与维护职工合法权益密切相关的业务部门人员中推选产生，也可以聘请同级人大、政府、政协等有关工作人员以及专家学者、劳动模范等参加。

产业工会劳动法律监督员从工会工作者和职工中推选产生。

基层工会劳动法律监督员可以由用人单位各工会小组长担任，或者由用人单位科室、车间、班组等各基本生产经营单元推荐一名职工担任。女职工较多的用人单位，工会劳动法律监督员应当有适当比例的女性。

第五条 县级以上总工会、产业工会、乡镇（街道）工会、开发区（工业园区）工会和区域性、行业性工会联合会可以在暂未建立工会组织的用人单位、农民工集中的项目工地等聘请职工担任工会劳动法律监督员。

第六条 工会劳动法律监督员应当具备下列条件：

（一）认真贯彻习近平新时代中国特色社会主义思想，坚定不移走中国特色社会主义工会发展道路，政治立场坚定，具有较高政治觉悟；

（二）熟悉劳动法律、法规、规章和政策，熟悉劳动报酬、社会保障、劳动安全卫生、女职工特殊保护等相关专业知识；

（三）热爱工会工作，热心维护职工合法权益，具有履行职责所需的业务能力；

（四）品行端正、奉公守法、勤勉尽责、清正廉洁，具有较强的事业心和责任感；

（五）实施工会劳动法律监督应当具备的其他条件。

第七条 工会劳动法律监督员按照属地管理、分级实施、逐级备案、择优聘任的方法开展，实行先培训考核、后持证上岗制度，具体程序为：

（一）推选。基层工会根据本单位职工人数、实际情况进行工会劳动法律监督员的推选工作。县级以上总工会、省级产业工会根据工作需要，进行工会劳动法律监督员的推选工作；

（二）培训。由县级以上总工会、省级产业工会根据每年推选情况制定培训计划，对本地区、本产业推选的工会劳动法律监督员进行统一培训；

（三）考核。县级以上总工会、省级产业工会对工会劳动法律监督员统一进行考核，考核合格的，颁发工会劳动法律监督员证件；

（四）备案。经培训考试合格后，工会劳动法律监督员填写《工会劳动法律监督员备案登记表》，经所属县级以上总工会或者省级产业工会审核后，报上级工会备案；

（五）聘任。符合本条第（一）、（二）、（三）项条件的工会劳动法律监督员备案后，由所在单位工会根据实际情况进行聘任。

第八条 工会劳动法律监督员的聘任期限一般为三年或者

五年，具体聘任期限与本级工会劳动法律监督委员会任期相同。聘期届满后终止，按照推选聘任程序实施续聘或新聘工作。

已经聘任为工会劳动法律监督员的，聘期届满后，根据工作需要，经培训考核合格后，可以续聘并换发新证。

第三章　工会劳动法律监督员职责和要求

第九条　工会劳动法律监督员的主要职责是：

（一）宣传劳动法律、法规、规章和政策，督促用人单位贯彻执行；

（二）依法对用人单位遵守劳动法律法规的情况进行监督，对发现的问题提出处理意见，督促用人单位整改落实；

（三）接受职工的投诉，对用人单位执行劳动法律法规的情况进行调查，向本级工会劳动法律监督委员会或本级工会报告，提出处理意见；

（四）发现严重损害劳动者合法权益的行为，及时向本级工会劳动法律监督委员会或工会委员会报告，也可以向上一级工会报告；

（五）办理工会劳动法律监督委员会或工会委员会交办的其他事项。

第十条　县级以上总工会劳动法律监督员发现严重损害劳动者合法权益的行为，应当及时向本级工会劳动法律监督委员会或本级工会报告，也可以向上一级工会或者当地政府有关主管部门报告。

县级以上总工会劳动法律监督员可以参加人大、政府、政协组织的劳动法律法规政策执行情况的执法检查、监督检查、委员视察等活动。

第十一条 工会劳动法律监督员履职要求是：

（一）工会劳动法律监督员应当认真履职，开展经常性调查，发现问题及时向工会劳动法律监督委员会或者工会组织报告；

（二）工会劳动法律监督员应当遵纪守法、客观公正，恪守职业道德，不得干扰用人单位正常工作秩序，不得泄露在履职过程中知悉的劳动者个人隐私和用人单位的商业秘密；

（三）工会劳动法律监督员办理的监督事项与本人或者其近亲属有利害关系的，应当回避。

第四章 工会劳动法律监督员培训和管理

第十二条 县级以上总工会、省级产业工会具体负责本地区、本产业工会劳动法律监督员管理工作，主要内容是：

（一）根据工作需要，召开工会劳动法律监督工作座谈会，通报贯彻实施劳动法律法规情况；

（二）及时调查处理劳动法律监督员反映的违法问题，并向其通报调查处理结果；

（三）建立工会劳动法律监督员工作档案，定期考核和通报相关工作情况；

（四）加强对工会劳动法律监督员的培训，不断提高其政治素质和业务素质。

第十三条 县级以上总工会、省级产业工会应当建立工会劳动法律监督员培训管理制度，按照属地管理、分级实施的原则，承担工会劳动法律监督员的培训、考核和《工会劳动法律监督员证》的发放、注销等工作。

县级以上总工会、省级产业工会对本级培训、考核、聘任的工会劳动法律监督员应建立档案管理制度，进行实名制管理。

第十四条 省总工会负责本级、省级产业工会、单列单位工会劳动法律监督员的培训、考核、发证和管理。

市级总工会负责本级及各县级总工会、市级产业工会和所属基层工会劳动法律监督员的培训、考核、发证和管理。

县级总工会负责所属产业工会、基层工会劳动法律监督员的培训、考核、发证和管理。

省级产业工会负责所属基层工会劳动法律监督员的培训、考核、发证和管理。

国家级和省级等经济技术开发区（高新区、科技园区）工会及所属用人单位的劳动法律监督员，按属地管理原则，由所在地的县级以上总工会负责培训、考核、发证和管理。

第十五条 有条件的市级以上产业工会经其所属的总工会授权，可以组织培训、考核，考核合格的，由其所属的总工会统一聘任颁发证书。

国家级和省级等经济技术开发区（高新区、科技园区）经其所属的市级以上总工会授权，可以组织培训、考核，考核合格的，由其所属的市级以上总工会统一聘任颁发证书。

第十六条 工会劳动法律监督员培训不得少于 20 个课时，内容应当涵盖劳动法律法规政策、工会法及相关业务知识、一函两书发布程序及应用和劳动争议预防处理等内容。

第十七条 《工会劳动法律监督员证》的样式由中华全国总工会统一制定，其他单位和个人不得随意改变。县级以上总工会、省级产业工会根据工作需要，按照统一格式要求进行证书的印制、编号和发放。

第十八条 证书实行全省统一编号，由字母和数字共 15 位编码组成。编码规则为：第 1–4 位为字母“SGJD”代表“陕工监督”缩写，第 5 位字母及第 6 至 7 位数字区分省、市、县三级和省级产业工会颁证机关及地区，第 8 至 11 位数字代表发证年份，第 12 至 15 位代表发证序号。

第十九条 《工会劳动法律监督员证》有效期与本级工会劳动法律监督委员会届期一致。证书只限本人使用，不得转借他人，不得涂改、伪造、变造、毁损。如有遗失，应当立即向本级工会劳动法律监督委员会报告，并按照有关规定申请补发。

第二十条 《工会劳动法律监督员证》到期作废。工会劳动法律监督员有下列情形的，颁证机关取消其工会劳动法律监督员资格，收回《工会劳动法律监督员证》，并予以注销。

（一）不履行本办法第九条规定的职责或违反本办法第十条规定的履职要求的；

（二）已调离原工作单位的；

（三）不适合担任工会劳动法律监督员的其他情形。

第五章　附　则

第二十一条　各市级总工会、各省级产业工会可以结合本管理办法的要求，对本地区《工会劳动法律监督员证》的县（区）编码规则进行细化，并报省总工会备案。

第二十二条　本管理办法由陕西省总工会负责解释。

第二十三条　本管理办法自发布之日起施行。

附录：1. 陕西省工会劳动法律监督员备案登记表

2. 工会劳动法律监督员证书样式及说明

3. 陕西工会劳动法律监督员证书编码规则

附录 1

陕西省工会劳动法律监督员备案登记表

证书编码：

<table>
<tr><td>姓　　名</td><td></td><td>性别</td><td></td><td>民族</td><td></td><td rowspan="4">照片</td></tr>
<tr><td>出生年月</td><td></td><td>政治
面貌</td><td></td><td>特长</td><td></td></tr>
<tr><td>毕业院校</td><td></td><td>学历</td><td></td><td>专业</td><td></td></tr>
<tr><td>单位职务</td><td colspan="2"></td><td>电话</td><td colspan="2"></td></tr>
<tr><td colspan="2">所属工会劳动法律
监督组织名称</td><td colspan="3"></td><td>主任</td><td></td></tr>
<tr><td colspan="2">单位地址</td><td colspan="5"></td></tr>
<tr><td>个人工作
简历</td><td colspan="6"></td></tr>
<tr><td>单位工会
意见</td><td colspan="2">（盖章）
年　月　日</td><td>上级
工会
意见</td><td colspan="3">（盖章）
年　月　日</td></tr>
<tr><td>备案机关
意见</td><td colspan="6">（盖章）
年　月　日</td></tr>
<tr><td>备　注</td><td colspan="6">注：此表一式三份，由工会劳动法律监督员单位工会、上级工会和备案机关存档。</td></tr>
</table>

附录 2

工会劳动法律监督员证书样式及说明

一、证书样式

（封面）

（内页第 1 页）

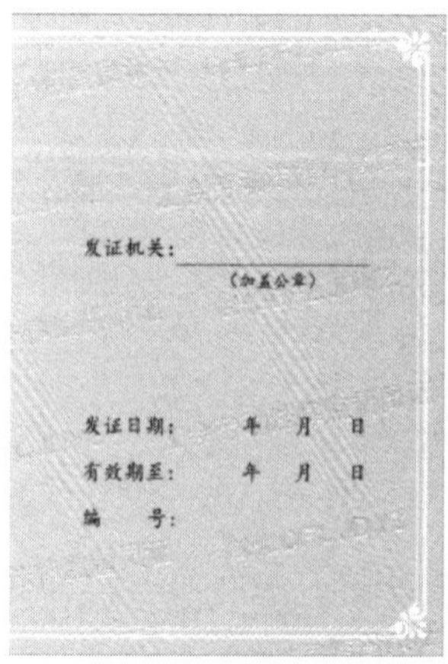

（内页第 2 页）

工会劳动法律监督工作原则

（一）依法规范

（二）客观公正

（三）依靠职工

（四）协调配合

（内页第 3 页）

工会劳动法律监督的权利

（一）监督用人单位遵守劳动法律法规的情况；

（二）参与调查处理；

（三）提出意见要求依法改正；

（四）提请政府有关主管部门依法处理；

（五）支持和帮助职工依法行使劳动法律监督权利；

（六）法律法规规定的其他劳动法律监督权利。

（内页第 4 页）

工会劳动法律监督员的条件

（一）具有较高的政治觉悟，热爱工会工作；

（二）熟悉劳动法律法规，具备履职能力；

（三）公道正派，热心为职工群众说话办事；

（四）奉公守法，清正廉洁。

（内页第 5 页）

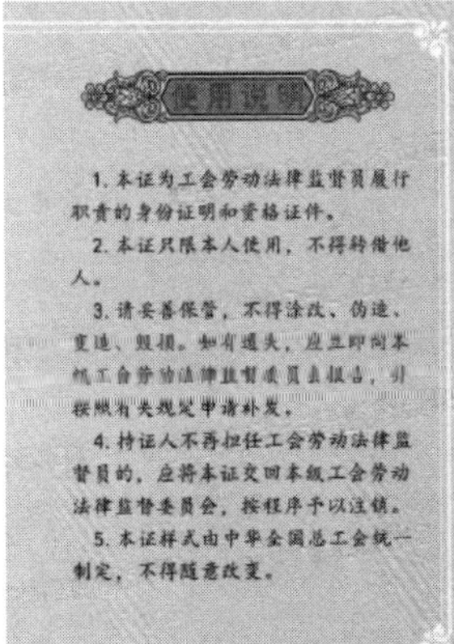

使用说明

1. 本证为工会劳动法律监督员履行职责的身份证明和资格证件。

2. 本证只限本人使用，不得转借他人。

3. 请妥善保管，不得涂改、伪造、变造、毁损。如有遗失，应立即向本级工会劳动法律监督委员会报告，并按照有关规定申请补发。

4. 持证人不再担任工会劳动法律监督员的，应将本证交回本级工会劳动法律监督委员会，按程序予以注销。

5. 本证样式由中华全国总工会统一制定，不得随意改变。

（内页第 6 页）

二、样式说明

（一）证书规格、颜色及材质

1. 尺寸：125mm × 88mm。

2. 封皮：深蓝色底色，环保充皮纸。

3. 内页：浅蓝色底纹，100g/m2“中国工会会徽”图案满版水印防伪纸。

（二）证书文字内容

1. 封面上边沿处印有“工会劳动法律监督员证”字样，中间印有“中国工会会徽”（直径 35mm)，下边沿处印有“中华全国总工会”字样。

2. 内页第 1 页为持证人个人信息。

3. 内页第 2 页为发证机关、发证日期、证书有效期和编号。

4. 内页第 3 页为工会劳动法律监督工作原则，依据为《工会劳动法律监督办法》第三条。

5. 内页第 4 页为工会劳动法律监督的权利，依据为《工会劳动法律监督办法》第八条。

6. 内页第 5 页为工会劳动法律监督员的条件，依据为《工会劳动法律监督办法》第十七条。

7. 内页第 6 页为使用说明。

附录3

陕西工会劳动法律监督员证书编码规则

	颁证机关层级	编码示例	规则说明
省级	省总工会本级	SGJDS0020250001	1.“SGJD”为“陕工监督”首字母缩写； 2.“S”代表省级； 3.“00–08”分别区分省总本级和各省级产业工会； 4.“2025”为发证年份，根据具体发证年份更改； 5.“0001”为发证序号，根据当年培训人数依次排列。
	省国防工会	SGJDS0120250001	
	省教科文卫体工会	SGJDS0220250001	
	省财贸金融轻工工会	SGJDS0320250001	
	省能源化学地质工会	SGJDS0420250001	
	省机械冶金建材工会	SGJDS0520250001	
	省农林水利气象工会	SGJDS0620250001	
	省交通运输工会	SGJDS0720250001	
	省建设工会	SGJDS0820250001	
西安	市总本级	SGJDA0020250001	1.“SGJD”为“陕工监督”首字母缩写； 2.“A”至“K”分别代表地区，例如西安“A”，宝鸡“C”，榆林“K”； 3.“00”代表市总本级，区县按照顺序从“01”开始分别排列； 4.“2025”为发证年份，根据具体发证年份更改； 5.“0001”为发证序号，根据当年培训人数依次排列。
	县级总工会	SGJDA0120250001 ……	
宝鸡	市总本级	SGJDC0020250001	
	县级总工会	SGJDC0120250001 ……	
咸阳	市总本级	SGJDD0020250001	
	县级总工会	SGJDD0120250001 ……	
铜川	市总本级	SGJDB0020250001	
	县级总工会	SGJDB0120250001 ……	

续 表

	颁证机关层级	编码示例	规则说明
渭南	市总本级	SGJDE0020250001	1.“SGJD”为“陕工监督”首字母缩写； 2.“A”至“K”分别代表地区，例如西安“A”，宝鸡“C”，榆林“K”； 3.“00”代表市总本级，区县按照顺序从“01”开始分别排列，覆盖所有县（区）级总工会； 4.“2025”为发证年份，根据具体发证年份更改； 5.“0001”为发证序号，根据当年培训人数依次排列。
	县级总工会	SGJDE0120250001 ……	
延安	市总本级	SGJDJ0020250001	
	县级总工会	SGJDJ0120250001 ……	
榆林	市总本级	SGJDK0020250001	
	县级总工会	SGJDK0120250001 ……	
汉中	市总本级	SGJDF0020250001	
	县级总工会	SGJDF0120250001 ……	
安康	市总本级	SGJDG0020250001	
	县级总工会	SGJDG0120250001 ……	
商洛	市总本级	SGJDH0020250001	
	县级总工会	SGJDH0120250001 ……	
杨凌	市总本级	SGJDV0020250001	
	县级总工会	SGJDV0120250001 ……	

后 记

为了更好地学习宣传贯彻《陕西省工会劳动法律监督条例》，使各级工会对劳动法律监督工作有全面、准确的理解，保障条例顺利实施，陕西省总工会权益保障部组织编写了这本《〈陕西省工会劳动法律监督条例〉学习问答》。本书以问答形式对条例的内容作了全面解读，力求简明扼要、通俗易懂，便于准确把握立法原意和制度要求。为了方便读者使用，本书还收录了“一函两书”规范文本以及与工会劳动法律监督工作密切相关的法律法规及政策文件。

本书的编写工作得到省总工会领导同志的高度重视和指导。参加编写工作的人员有：陕西省总工会权益保障部杜佳鹏、武永刚、白雪、毕超。陕西工运学院的陈建树、张景、王凌宏、代丹欣，以及西北政法大学谢德成教授参与本书的审阅修改工作。

由于编者水平有限，本书难免存在不足和疏漏之处，诚恳地欢迎广大读者批评指正。

编　者

2025 年 9 月